Michael Streck
Stars & Stripes und Streifenhörnchen

Zu diesem Buch

Michael Streck, *stern*-Autor und USA-Kenner, blickt zurück auf sieben amerikanische Jahre mit seiner Familie: auf die Wohnungssuche in New York, auf Reisen zu berückend schönen Orten wie Big Sur, Hawaii oder Montana – und auf Stromausfälle, die in Amerika so sicher sind wie das Amen in der Kirche. Auf Handwerker, die zu Stammgästen wurden. Auf Ameisen, Streifenhörnchen und sonstige Tiere, die auch Stammgäste wurden. Auf Sex und Prüderie, Sitz- und Stehpinkler und politische Korrektheit. Auf Leibesvisitationen am Flughafen. Auf fähnchenschwenkende Kinder und Patriotismus. Und auf Feiertage mit Riesentruthahn, leuchtendem Rentier und umstürzenden Bäumen – nicht nur zur Weihnachtszeit.

Michael Streck, 1964 geboren, arbeitet beim *stern*; er schrieb zunächst für das Deutschland-Ressort und war dann von August 2001 bis Anfang 2008 New-York-Korrespondent des Hamburger Magazins.

Til Mette, 1956 geboren, wohnte 1992 bis 2006 in New York und New Jersey und wurde 2003 amerikanischer Staatsbürger. Seine Cartoons erscheinen seit 13 Jahren wöchentlich im *stern*.

Michael Streck

Stars & Stripes und Streifenhörnchen

Unsere Jahre in Amerika

Mit 24 Cartoons von Til Mette

Piper München Zürich

Mehr über unsere Autoren und Bücher:
www.piper.de

FSC
Mix
Produktgruppe aus vorbildlich bewirtschafteten Wäldern und anderen kontrollierten Herkünften
www.fsc.org Zert.-Nr. GFA-COC-001223
© 1996 Forest Stewardship Council

Ungekürzte, aktualisierte Taschenbuchausgabe
Juni 2010

Umschlagkonzeption: semper smile, München
Umschlaggestaltung: Birgit Kohlhaas, München
Umschlagabbildungen: Til Mette
Autorenfoto: Eros Hoagland / Redux / laif
Satz: Satz für Satz. Barbara Reischmann, Leutkirch
Papier: Munken Print von Arctic Paper Munkedals AB, Schweden
Druck und Bindung: CPI – Clausen & Bosse, Leck
Printed in Germany ISBN 978-3-492-25857-9

Für Annette, Hannah und Merle, die liebsten und geduldigsten Menschen der Welt.

P.S.: Wie wäre es irgendwann mit Burundi?

Inhalt

ALASKA
~100000 km
ODER SO...
ALLES CANADA!
CANA
BILL GATES
SEATTLE
WASHINGTON
RED WOODS...
RANCH IN MONTANA
IDAHO
BIG SKY
MT. RUSHMORE!
MAIS MUSEUM
SOUTH DAKOTA
SAN FRANCISCO
ROCKIES
COLORADO
HÖHEN KRANK
UTAH
OBACHT: MORMONEN
KOTZENDES KIND
LOS ANGELES
MOVIE INDUSTRY
HOLLYWOOD
SILICON VALLEY
66
MOTEL
Rt. 66
GROSSTES WOLLKNÄUEL DER WELT!
BEACH BOY
MEXICO
NEW MEXICO
(KUNST)
& VERRÜCKTE
BIBL
LONG
EXTRA KARTE:
HAWAII
ÖL
TIL

GRÖSSTES SCHILDKRÖTEN DENKMAL
TURTLE NO 1
WO HIER
AUCH CANADA
WANN SIND WIR DA?
NIAGARA FALLS
(CA. 289 MILES)
CHICAGO
WESTLICH
WORLD'S LARGEST TRUCK STOP
TRUCK
MAINE
WEIZEN
ONSET, MA
LOBSTER ESSEN
BORING
FIEBER-THERMOMETER MUSEUM
INDIANA
OHIO
LY OVER STATES
PENNSYLVANIA
KENTUCKY SAURIER MUSEUM
JIMMY'S CORNER
NEW YORK
HEART-LAND
OMA
HIER WOHNT GOTT
CHARLESTON, SC
HURRICANE
DURHAM, NC: HAUPTSTADT DER DICKEN AMIS
BELT
RITA
MISSISSIPPI
GEORGIA
SAVANNAH
CAJUN FOOD (LECKER)
NEW ORLEANS
MICKEY MOUSE
KATRINA
JESUS IN ORLANDO
I ♥ MY SELF
FLORIDA
MIAM

Mon Chéri, Judy
Belgien, New York und Wohnungssuche

Wir wollten immer weg. Wir wollten immer ins Ausland. Egal wohin. Albanien? Gutes Klima, wie man hört. Innere Mongolei? Gewiss spannend, kulinarisch vor allem. Alles hätten wir genommen, Lesotho, Burundi, sogar Belgien. Es wurde New York, im Zweifel doch interessanter als Belgien. Die Entscheidung fiel am 15. Juni 2001 und führte beim Mann und der Frau des Hauses zu mittelschweren Euphorie-Anfällen und zu einem schweren Gelage, sechs Flaschen Wein, gelallte Anrufe um Mitternacht, »ratet maaaaa, wo wir hinziehen??« Die meisten rieten, schlafgestört, »London?«

Man konnte sie verstehen.

Die Frau hat zwar einen deutschen Pass, aber ein englisches Herz. Sie wuchs in London auf, trinkt englischen Tee, spricht Englisch wie Engländer, was für ihren Beruf als Übersetzerin durchaus vorteilhaft ist, und mag sogar die einzigen beiden englischen Gerichte Fish 'n' Chips und Plum Pudding. In einer Phase des pubertären Widerstandes würgte sie sogar »Steak 'n kidney pie« runter, besseres Hundefutter, das auf der Insel, jenseits der Zivilisation, als Höhepunkt angelsächsischer Esskultur gilt. Die Frau ist wirklich hart im Nehmen. Man könnte auch sagen: Sie ist ein hoffnungsloser Fall. Alle zwei Jahre, bei Fußball-Welt- und Europameisterschaften, belastet ihre Anglo-Affinität den häuslichen Frieden, denn selbstverständlich hält sie zu England, was glücklicherweise den Engländern aber nie genutzt hat. Als Kind rief sie sogar bei der BBC an und beschwerte sich über deren kritische Königshaus-Berichterstattung, »ihr wisst gar nicht, wie gut ihr es habt. Ich bin Deutsche, und wir haben nur einen langweiligen Bundespräsidenten.« Und als eben jener Bundespräsident schließlich nach London kam und die Kinder der deutschen Schule als Deutschland-Fähnchen wedelndes Klatschvieh vor Windsor Castle strammstehen mussten, wurde ihr prompt derart übel, dass die Lehrer sie vom Klatschen und Deutschland-Fähnchen-Wedeln befreiten. Mit dem Union Jack wäre ihr das nicht passiert.

Man hat sich daran gewöhnt. Gewöhnen müssen. Sie betrachtet Amerika irgendwie immer noch als Kronkolonie. Wenn schon nicht Belgien oder England oder Mongolei, dann doch Amerika, Land ihrer geistigen Vorfahren gewissermaßen.

So ist die Frau des Hauses.

Der Mann des Hauses litt schon als Kind unter unheilbarem Fernweh. Wollte immer weg aus seiner kleinen Stadt am Rande des Ruhrgebiets. Hörte samstags im Radio die Bundesliga-Konferenzschaltung und hatte ungefähr mit neun die Idee: Sportreporter, das wär's. Sportreporter fahren in exotische Länder wie Sachsen-Anhalt oder England oder Belgien. Sie sehen exotische Städte wie Kaiserslautern oder Kinshasa oder Ulan Bator. Sie treffen exotische Menschen wie Berti Vogts, Andreas Möller oder Georg Hackl. Sportreporter, dachte der Mann, sind unentwegt auf Reisen, und das ist auch gut so. Also wurde der Mann über den steinigen Umweg eines Kreisligafußball-Chronisten tatsächlich erst Sportreporter und irgendwann nur noch Reporter beim *stern*. Er reiste viel in exotische Länder wie Sachsen-Anhalt, Belgien oder England, traf in der Sportphase exotische Menschen wie Berti Vogts und Andreas Möller und Georg Hackl und später als Reporter ohne Sport davor die Großfamilie Klutentreter auf einem Dauer-Campingplatz in Essen-Rellinghausen. Er sah exotische Städte wie Cloppenburg, Hamm-Uentrop und Herne II. Und dann, am 15. Juni 2001, kam der Ruf nach New York, und das war auch gut so.

Die Töchter des Hauses sahen das anders, ganz anders. Die Entscheidung führte bei ihnen, damals sieben und neun, zu mittelschweren Heulkrämpfen, »und was machen Opa und Oma ohne uns?«, und schweren Vorwürfen, »wenn ihr uns wirklich lieb habt, bleiben wir hier!« Sie empfanden New York als Zumutung. Die jüngere wollte immer Ballett-Tänzerin werden, und Tänzerinnen wurden ihrer Meinung nach nur in Hamburg hergestellt. Die ältere wollte Tierärztin werden und hielt Hamburg für den idealen Ort für Tierärzte, weil es dort so viele Hunde gab und im Garten schon mal moribunde Tauben zwischenlandeten, um die sie sich rührend kümmerte, bis sie dahinschieden. Wir erklärten beiden, dass Tänzerinnen auch in New York gebraucht werden und Tierärzte sowieso, schon wegen der vielen moribunden Tauben in der Stadt. Wir ließen uns sogar dazu herab, vage Versprechungen über den Erwerb eines Haustieres zu machen, kein Hund, keine Katze, irgendwas Praktisches, irgendwas Kleines, Unauffälliges; Hamster, Wüstenrennmaus, so was in der Art. Das hellte die Laune kurzfristig auf, aber die Ältere sagte: »Das glauben wir erst, wenn wir's sehen.«

Die Frau kaufte Fotobücher und erzählte ihnen von den hohen Häusern in New York, dem Empire State Building, dem Chrysler Building, dem World Trade Center, »von dort aus kann man an klaren Tagen bis nach Delaware gucken«. Wir gaben uns alle erdenkliche Mühe, den Kindern Amerika schmackhaft zu machen. Wir versprachen ihnen, irgendwann Urlaub auf Hawaii zu machen. Wir ließen nichts unversucht, wir bestachen sie, »wolltet ihr nicht immer schon mal nach Disneyland?« Aber die Töchter blieben unnachgiebig. »Disneyland gibt's jetzt auch in Paris«, sagte die ältere Tochter, deren damals beste Freundin gerade aus Euro-Disney ins gelobte Hamburg zurückgekehrt war. »Und warum sollen wir von diesem hohen Haus nach Deladingsbums gucken?«, fragte die jüngere.

Das war ein nicht ganz unberechtigter Einwand, änderte aber nichts an der Tatsache, dass wir langsam unsere Flucht organisieren mussten. Der Mann begab sich aus diesem Grund nach Amerika, um eine Wohnung oder Häuschen zu suchen für die Sippe. Und machte dabei, kaum in New York gelandet, jenen Fehler, den viele machen, wenn sie nach Amerika umziehen. Oder vielleicht auch nicht viele. Jedenfalls schaltete der Mann drei Makler ein, nicht wissend, dass einer völlig gereicht hätte, weil alle Makler in den USA Zugriff auf alle leer stehenden Häuser und Wohnungen haben. Open Listing nennt sich das System. Und also ergab es sich, dass der Mann an einem Dienstag Maklerin Judy traf, die ihn durch die Gegend karriolte und ihm allerlei Behausungen zeigte. An einem Mittwochvormittag traf er Maklerin Mary-Francis, die ihm dieselben Behausungen zeigte. Am selben Nachmittag traf er Makler Frank, der ihm die Behausungen zeigte, die er am Tag zuvor und morgens schon gesehen hatte. Was bei einem holländischen Ehepaar einige Verwunderung auslöste, »warst du nicht gestern und heute Morgen schon hier?« Auf diese Weise flog der Mann auf, Leugnen so zwecklos wie Töchter von New York überzeugen. Makler Frank war wenig amused, ich selbst war auch wenig amused, beichtete alles, erzählte von Europa und wie anders Wohnungssuche dort sei und man nichts wüsste, »Ehrenwort«, von Open Listings. Frank blieb ebenso unbeeindruckt wie die Töchter des Hauses von New York. Er sagte: »Du musst dich jetzt entscheiden.« Die Szene erinnerte ein wenig an ein Duell im Spielfilm, ohne Pistolen zwar, aber aus Franks Gesicht war die Makler-Freundlichkeit vollends verschwunden.

Letzten Endes entschied ich mich für Judy, die erste Maklerin, was – wie sich sehr bald herausstellen sollte – der zweite große Fehler war. Man hätte das ahnen können. Hätte, können. Konjunktiv, Irrealis.

Real war Judy.

Sie war um die 60 und wog um die 100 Kilo, die sie in enge, pinkfarbene Kostüme zwängte, womit sie ihrer Figur etwas von einer böhmischen Presswurst verlieh.

Judy war sehr laut, und manchmal war Judy sogar ehrlich. Sofern Makler ehrlich sein können. Und so ging das los, sie sprach gleich zu Beginn einen fatalen Satz: »New York is very expensive.« Teuer, sehr teuer. Sie hätte auch sagen können: »Morgens geht die Sonne auf.«

Judy fuhr ihre Klienten in einer blauen, japanischen Limousine durch die Landschaft und smalltalkte, wie Makler smalltalken. »Ah, Germany, Europe? How wonderful, lovely.« Sie selbst war noch nie in Europa gewesen, aber ihr Lebensgefährte gerade erst. Zwei Wochen Tunesien, sagte sie, »wonderful, lovely.« Kommt aus Germany nicht diese traumhafte Schokolade mit den Kirschen drin? So erklärten sich nach und nach die 100 Kilo böhmische Presswurst. Zuweilen schob Judy ihre dritten Zähne zurecht, und das klapperte dann. Schlaglöcher sind nicht gut für dritte Zähne, die nicht richtig sitzen, und es gibt viele Schlaglöcher auf amerikanischen Straßen, aber das ist eine andere Geschichte. Doch das Klappern sollte immerhin ein Vorgeschmack sein auf das, was wir später bei amerikanischen Dentisten erleben sollten.

Wir fuhren durch dicht besiedelte und weniger dicht besiedelte Gegenden. New York City war definitiv unfinanzierbar, und deshalb verlegten wir unsere Suche nach Westchester County, eine halbe Stunde nördlich von Manhattan. Westchester County ist grün und, so dachte man, erschwinglich. Kleine Orte und Städtchen liegen in Westchester zwischen dem Hudson River im Westen und dem Long Island Sound im Osten; sie tragen so putzige Namen wie Mamaroneck oder Chappaqua. Eigentlich wusste ich herzlich we-

Dieses Brownstone Apartment folgt einem revolutionären Feng-Shui-Konzept.

nig über Westchester County, obschon Freunde von uns dort lebten und für die Region warben. Ich wusste herzlich wenig von Amerika, bereist zwar, aber nicht mehr. Und ich wusste erst recht nichts von amerikanischen Maklern, warum auch? Das Bild von deutschen Maklern reichte mir vollkommen. Mit deutschen Maklern assoziierte ich Männer in dunklen Anzügen, mit gegeltem Haar, die Füße in Lackschuhen. Verblüffenderweise sahen deutsche Makler in meiner Vorstellung so aus wie Chefredakteure des Springer-Verlages. Ich kann nicht sagen, dass mir deutsche Makler sehr sympathisch gewesen wären.

Amerikanische Makler sahen anders aus. Die meisten waren Frauen, bis auf Frank eben, der, wenigstens das muss man ihm zugutehalten, aber auch keinerlei Ähnlichkeit mit einem Springer-Chefredakteur besaß. Judy nun ähnelte in ihrem zu engen Kostüm alpenländischen Rodlern, sie hatte fraglos Mut zur Fülle.

Wir fuhren durch Mamaroneck und Larchmont und leider nicht nach Chappaqua, wo die Clintons leben, ergo unerschwinglich. Vor einem Haus in Larchmont parkte sie. Streng genommen parkte sie an einer vielbefahrenen Straße vor einem Holzhaus mit Seiteneingang, Miete: 4000 Dollar. Sie sagte: »Ich hatte eine Operation, ich darf keine Treppen steigen, geh doch allein.« Das ersparte Judy den strengen Gestank von Katzenpisse, der den roten Flokati-Teppichen entwich. Sie fragte: »Beautiful place?« Ich sagte nichts. Die zweite Wohnung, gehobenes Loch, an einer vierspurigen Straße, 3900 Dollar Miete. Judy sagte: »lovely place«. Ich sagte: »Unfassbar.« Erstes Schweigen in der blauen Limousine.

Wohnungssuche in New York und Umgebung ist ein Abenteuer. Vergesst Europa. Europa ist sechstausendfünfhundert Kilometer entfernt. Und die Preise steigen mit jedem Kilometer, wie beim Taxifahren. Das ist hart für Europäer und gut für Judys Provision. Sie trank Kaffee mit Eiswürfeln aus einem Gefäß, das stark an einen Eimer erinnerte. Die Eisklumpen klapperten darin und übertönten Judys Gebiss, immerhin. Die Laune sank dennoch.

Wir fuhren nach Port Chester in eine kleine Straße; Bäume säumten sie, an den Häusern hingen amerikanische Flaggen. Es war eine Straße, wie ich sie aus Filmen kannte. Kinder hockten auf Treppenstufen, die Männer trugen Baseballmützen, von irgendwo wehte der Geruch von Grillfleisch, auf den Terrassen standen Schaukelstühle, ein amerikanisches Idyll wie aus der Klischeekiste. Leider trügt Idylle oft. Wir betraten ein von außen idyllisches Häuschen und trafen John, Musiker aus Kalifornien, zuvor acht Jahre Mexiko City. John lebte mit Frau und drei Kindern in diesem Häuschen. In der Decke im Wohnzimmer klaffte ein Loch, Zeitungspapier lugte daraus hervor. Ein Blick an die Decke. Judy sprach: »Das wird gefixt«, 4000 Dollar Miete. Judy zeigte die begehbaren Schränke. Das heißt: Sie öffnete einfach alle Schränke, ob begehbar oder nicht, und in einem dieser Schränke, offenbar begehbar, saß ein Kind und telefonierte und sagte nur: »Tür zu!«. John sagte: »Lass uns mal rauf gehen.« Judy, »ich hatte eine Operation«, blieb unten. John hatte sich unter dem Dach eine prima Sauna eingerichtet. Eigentlich war die Sauna keine Sauna, sondern Johns Büro. Aber man konnte das Büro im Sommer auch als Sauna nutzen. Und zu konspirativen Gesprächen abseits von Judy, Parterre. »Sag mal, John, warum zieht ihr hier raus?« John entgegnete: »Guck dich nur um.« Ich bedankte mich, und er machte ein irgendwie wissendes Gesicht, aus dem Mitleid sprach. John sagte zum Abschied: »Good luck.« Judy, Parterre, sagte: »Lovely place.«

Judy meinte das vermutlich ernst, sie muss viel gesehen haben in ihrem Makler-Leben. Amerikanische Häuser sehen im Film und auf Fotos ziemlich schön aus. Sie sind groß, wie alles in Amerika groß ist. Aber der schöne Eindruck schwindet, wenn man sie einmal betritt. Es sind Potemkinsche Häuser. Amerikaner bauen nämlich im Gegensatz zu Deutschen nicht für die Ewigkeit, sondern für den Augenblick. Häuser entstehen in diesem Land in ein paar Wochen. Das erklärt, warum Häuser in Amerika beim erstbesten Sturm gerne wegfliegen und nur noch Sperrholz übrig bleibt. Johns Haus war ein Kandidat für den nächsten Abflug, Holzklasse.

Schweigen in der Limousine. Eiswürfel im Kaffee-Eimer, Schlaglöcher auf den Straßen, die Judys Gebiss in Schwingung brachten. Die Gegend abklappern bekam hier einen neuen Sinn. Judy fragte: »Wie heißt denn nun diese wunderbare Schokolade mit den Kirschen drin?« Ich murmelte versonnen: »Scheiße«. Judy fragte: »What?« Die Stimmung gefror, Eiswürfel im Kaffee, Schlaglöcher. An einer Kreuzung telefonierte sie von ihrem Handy aus lautstark mit einem Faxgerät; sie kreischte unentwegt »Heeellloooo« ins Piepen hinein. Keine Antwort.

Wir fuhren den Hutchinson Parkway südwärts Richtung Mamaroneck und hielten vor einer umgebauten Scheune, 50 Meter vom Highway entfernt. Judy sagte: »Europäer sind doch Romantiker« und rupfte einen gelben Zettel von der Eingangstür – Pest-Control. »Ameisen«, sagte Judy, »bestimmt nur Ameisen.« Die Scheune, 3900 Dollar, war riesig. Sie war Mitte des 19. Jahrhunderts gebaut worden; dem Interieur und Geruch nach zu urteilen mussten die letzten Bewohner kurz vor Ausbruch des Amerikanischen Bürgerkrieges ausgezogen sein. In einem Raum, der einmal ein Badezimmer gewesen sein musste, stand eine rostige Badewanne auf vier geschwungenen verrosteten Füßen, die Tapete war von undefinierbarem Alter, schuppiger Konsistenz und bräunlichem Teint. Draußen der Highway, »sehr verkehrsgünstig«. Und der Lärm? »Wenn du die Augen schließt, wirst du denken, es wäre der Ozean.« Sagte Judy. Ich schloss die Augen und stellte mir vor, wie der Ozean Judy verschluckt. Oder der Highway. Was heißt noch mal Hals abschneiden auf Englisch?

»Du, Judy«, sagte ich schließlich, »mir fehlt für den Preis aber ein alter Mann auf der Terrasse, im Schaukelstuhl und mit 'nem Whiskeyglas, so wie im Fernsehen.« Sie sagte: »Ich kenne da einen alten Kroaten, der würde das machen für ein paar Dollar.« Sie sagte das todernst. Irgendwie verstand Judy keine Ironie. Und ich verstand ganz langsam keinen Spaß mehr und konnte die Töchter des Hauses verstehen. Ich sehnte mich nach Europa und sogar nach deutschen Maklern, die wie Springer-Chefredakteure aussehen. Ich hatte die erste Glaubenskrise.

Vier Tage fuhr ich mit Judy Häuser und Wohnungen

ab. Es waren die längsten vier Tage meines Lebens. Häuser aus Pappe für 4000 Dollar aufwärts, klappernde Zähne, klappernde Eiswürfel. Am fünften Tag kam die Frau des Hauses als Verstärkung angereist. Am sechsten Tag traf sie Judy, die »nice to meet you« sprach und fragte: »Ihr Mann hat vergessen, wie diese deutsche Schokolade mit den Kirschen drin heißt. Wissen Sie das?« Die Frau schaute zwar leicht irritiert, antwortete aber zur vollen Zufriedenheit von Judy: »Sie meinen wahrscheinlich Mon Chéri«. Die beiden Frauen verstanden sich mindestens eine halbe Stunde lang prächtig, »ich weiß gar nicht, was du gegen sie hast!«, sagte die Frau vorwurfsvoll.

Es waren die bis dahin längsten 30 Minuten meines Lebens.

»Gerald«, sagte Judy. »Wir besuchen jetzt Gerald.« Gerald besaß eine Art Holz-Papp-Bungalow in White Plains am Ende einer Sackgasse und vermietete – wie Judy versicherte – günstig, 4200 Dollar. »Ein Schnäppchen für diese Gegend, lovely place«. Schwindelgefühle setzten ein. 4200 Dollar, Schnäppchen. Wir sollten erst später herausfinden, dass Judy sogar die Wahrheit sagte.

Gerald wohnte direkt nebenan, und er lispelte ein bisschen, aber das war besser als klapprige Zähne. Gerald war der Boss. Gerald hatte immer recht. Gerald stellte gleich mal klar: »Nie mehr als fünf Gäste gleichzeitig, und Bilder werden nur mit meiner Genehmigung aufgehängt. Wäsche trocknen draußen ist nicht erlaubt. Im zweiten Jahr steigt die Miete um weitere 280 Dollar.« Dann machte er eine Pause von circa vier Sekunden. »Wissen Sie«, hob er wieder an,

»mein Vater hat das gebaut. Und wenn er noch lebte, würde er sehr darauf achten. Aber weil er nicht mehr lebt, achte ich eben sehr darauf.« Gerald, Versicherungsvertreter, war unverheiratet. Sein Vater hätte bestimmt keine Frau an Geralds Seite geduldet, die Bilder aufhängt und mehr als fünf Gäste einlädt und Wäsche draußen trocknet. Es war besser so für Gerald. Ein Alptraum am helllichten Tag entspann sich vor meinen Augen. Wir sitzen draußen, und in unserem Nacken sitzt Gerald und zählt Gäste, »nie mehr als fünf«. Kindergeburtstage sind genehmigungspflichtig, Wäsche flattert im Wind, und Geralds väterlicher Geist rupft sie von der Leine und grinst dämonisch und ruft »Got you, you bastards«. Das träumte ich am helllichten Tage, während Gerald einen Kugelschreiber auf den Tisch federte und den Mietvertrag aufsetzen wollte. Judy lächelte, und die Frau begriff. Dies war das Ende ihrer Freundschaft. Die Frau des Hauses wurde weiß. Es war ein anderes Weiß als vornehme englische Blässe. Ihr Weiß changierte ins Kalkweiße mit dezentem Stich ins Weiß-Grünliche, fast Grün-Weißliche.

Schweigen in der Limousine, eine Symphonie aus Eiswürfelklappern und dritten Zähnen.

Wir haben dann doch ein Haus gefunden. Ohne Judy. Es hat gedauert und ungefähr so viele Nerven gekostet wie Geld. Und ohne ordentliche Auslandszulage wäre das alles nicht möglich gewesen. Die Frau liebte es vom ersten Moment an. Unser Haus ist verdammt schief und alt und krumm, Menschen jenseits der zwei Meter werden dort nicht glücklich. Der Keller besteht aus einem Wald von maroden Stützpfeilern und einem ungeheuren Kabelsalat, und hinter dem Kabelsalat muss irgendwo die Heizung sein. Es läuft auch permanent ein Entfeuchter dort, und im ersten Sommer wuchs zur Begeisterung der Töchter eine Schlingpflanze durch den Holzfußboden im Wohnzimmer. Unsere Vermieterin Rosa hat mindestens einen wirren Blick und vermutlich einen Dachschaden. Wir können in unserem Haus Nägel mit dem Daumen in die Wände drücken, und eine Freundin nannte unser Haus »eine überaus charmante Bruchbude«. Das war eine passende Beschreibung. Bei Wind klappern die Fenster in unserem alten Haus. Und doch ist das ein angenehmes Klappern, ein gemütliches Klappern.

Wir haben von Judy nie mehr gehört.

Italien im Bauch
Der Umzug und der 11. September

Die Töchter waren von New York immer noch nicht überzeugt. Womöglich deshalb, weil unsere Mitbringsel zu Rohrkrepierern gerieten. Die beiden schwarzen T-Shirts mit Totenköpfen vorne drauf, die wir zu vorgerückter Stunde, morgens gegen drei, in einer großartigen Kaschemme namens »Rudy's Bar and Grill« in Manhattan zum Vorzugspreis von neun Dollar erstanden hatten, sorgten für Stirnrunzeln und entlockten der älteren ein nicht ganz falsches »Papa, warst du da blau?« Als definitiv kontraproduktiv erwies sich auch der Erwerb größerer Mengen Hershey's-Schokolade. »Ekelhaft«, sagte die ältere nach dem ersten Biss, »igitt«, sagte die jüngere. Wir klärten die Kinder auf, dass Hershey's Schokolade weltberühmt sei in Amerika und dass schon US-Soldaten deutschen Kindern nach dem Zweiten Weltkrieg Hershey's geschenkt hätten. »Wahrscheinlich«, sagte die ältere Tochter, »gab's damals noch keine Milka.«

Die Hershey's-Abneigung legten die Töchter in fast sieben Jahren Amerika nicht ab. Die Amerika-Abneigung immerhin legte sich alsbald, nachdem sie Bilder von unserem Potemkinschen Haus gesehen hatten. Es erinnerte sie entfernt an Pippi Langstrumpfs Villa Kunterbunt, und alles war gut. Die Frau hörte in den darauffolgenden Wochen ununterbrochen Sinatra, während sie Gläser einpackte und Teller und viele Bücher, wunderbar geordnet von A bis Z.

Zwei Wochen später kamen die Möbelpacker. Sie hießen Maik, Wolle und Jimmy, echte Jungs aus dem Leben, Brandenburg. Sie sagten lustige Sachen wie: »Wir haben auch schon mal Ihren Chefredakteur umgezogen. Sie sind doch bei ›Bild‹, oder?« Möbelpacker sind sehr kräftige Menschen, und sehr kräftige Menschen haben sehr kräftigen Hunger. Weshalb, ehe noch ein Karton gepackt und geschleppt war, die Frau erst mal den Mann wegorganisierte, weil der sowieso nur dumm rum und im Weg stand: »Du holst jetzt Brötchen.«

Wir waren dann einigermaßen erstaunt, was so ein Möbelpacker verputzen kann. Weil 15 Brötchen unsere Familie gut zwei Tage ernähren würden. Aber Möbelpacker haben dickere Arme und größere Mägen: Zum Frühstück, 7.30 Uhr, drei Brötchen pro Nase und zwar keine halben; zum Mittagessen, zwölf Uhr, eineinhalb Pizzen und zwar keine kleine; zum Kaffeetrinken, 15 Uhr, zwei Stücke Kuchen und zwei Flaschen Bier. Maik, Wolle und Jimmy erzählten beiläufig, wie mies sie einmal nahrungstechnisch behandelt worden waren von der Gattin eines Vorstandsvorsitzenden, »abgestandene Linsensuppe morgens, mittags, abends«. Und dass ihnen – rein zufällig und großes, großes Unglück natürlich – das Klavier des Vorstandsvorsitzenden aus den Händen geglitten sei. Man sollte es sich beim Essen mit Möbelpackern nie verderben. Nie. Sie sind nicht nur kräftig, sondern auch mächtig.

Umzüge sind nun immer auch Katharsis, denn bei einem Umzug merkt der Mensch, welche Mengen Schrott schon quer durchs Land von Köln nach Hamburg, von Hamburg nach Bonn und von Bonn nach Hamburg mitgereist sind über die Jahre. Umzüge sind die einmalige Chance, diesen ganzen Unrat zu entsorgen. Ein für alle Mal. Da war etwa dieser grauenhafte Zinnbecher, den die Frau circa um die Jahrhundertwende bei einer Weihnachtsfeier aus der Sperrmülltrommel gezogen hatte. Oder die Laterne, in Form einer Ente oder Gans oder Amsel oder Drossel, welche die jüngere Tochter während ihrer prädadaistischen Phase im Kindergarten gebastelt und glücklicherweise flott vergessen hatte. Oder oder oder. Weg damit. Neuer Anfang, neues Glück, Neue Welt. Amerika.

Eben deshalb wickelten Maik, Wolle und Jimmy noch jeden Teller und jede Vase einzeln ein in Berge von Papier, und ich fragte mich, ob nun wieder ein Stück Regenwald oder wenigstens eine veritable Schonung in Finnland würde sterben müssen nur für unseren Umzug. Wolle baute sogar noch einen Verschlag für das Klavier. Und als er fertig war, holte er Maik zu Hilfe, und gemeinsam wollten sie das Klavier stemmen, aber das Klavier wollte nicht und fiel um und Wolle auf den Fuß. Beide, Wolle und Klavier, gaben nach der Havarie merkwürdige Geräusche von sich, und Wolle versicherte an Eides statt, dass dies nun ein echter Unfall gewesen sei und keinesfalls ein Ausdruck des Protests gegen Mangelernährung. Wir mussten ihm das glauben. Er humpelte sehr glaubhaft.

Im Laufe der Tage gewöhnten wir uns an Maik, Wolle und Jimmy, echte Jungs aus dem Leben. Und als sie endlich alles eingewickelt und verpackt und in den großen Container geladen hatten, bestellten wir zum Abschied noch sechs Pizzen. Sie wünschten uns viel Glück. Und das konnten wir gebrauchen.

Wochen später kam unsere Sippe endlich an in der Neuen Welt. New York, John F. Kennedy-Flughafen. Wir fuhren im Mietwagen Richtung Airport-Exit und erwischten gleich die erstmögliche falsche Ausfahrt. »Das geht ja gut los«, sagte die Frau. Es war einer dieser Momente, da man für Sekundenbruchteile oder auch länger nachvollziehen konnte, warum Ehemänner im Affekt zuweilen Ehefrauen umbringen oder wenigstens ein bisschen prügeln. Zu allem Überfluss gewann an diesem Tag England gegen Deutschland in München 5:1. Die Frau genoss still. Unser erster Tag in Amerika war kein guter Tag für mich.

In den folgenden Tagen, während unsere Möbel und ein kaputtes Klavier im Container über den Atlantik schipperten, campten wir in der Villa Kunterbunt. Wir schliefen auf Luftmatratzen. Wir hatten einen Tisch, vier Stühle, vier Teller, vier Gabeln, vier Messer, ein altes Radio. Am ersten Morgen in Amerika erkundeten die Töchter die Nachbarschaft und machten Bekanntschaft mit zwei possierlichen Streifenhörnchen und kurze Zeit später mit der Katze unserer lieben Nachbarn David und Myra. Die Katze hört auf den treffenden Namen »Bad Cat« und interessierte sich nicht sonderlich für die teutonischen Nachbarskinder, sehr wohl aber für die Streifenhörnchen. David und Myra hatten »Bad Cat« aus lauter

Streifenhörnchen-Fürsorge sogar ein Glöckchen ans Halsband geheftet, auf dass die possierlichen Nager sich rechtzeitig aus dem Staub machen konnten, sobald sich die bimmelnde Katze näherte. Aber entweder waren unsere Streifenhörnchen taub oder nicht sonderlich helle. Schreie aus dem Garten, heulende Töchter, weil »Bad Cat« Streifenhörnchen eins zum Frühstück nahm. »Ich hasse Amerika«, rief die ältere Tochter, die Tierärztin werden wollte, das Streifenhörnchen aber selbst mit Mund-zu-Mund-Beatmung nicht hätte retten können. »Ich hasse amerikanische Katzen«, und es wurde auch nicht besser, als »Bad Cat« zum Mittagessen zurückkehrte und Streifenhörnchen zwei heimwärts apportierte. Schreie abermals, Tränen und Flüche über amerikanische Katzen.

Der erste Morgen in der Neuen Welt war kein guter für die Töchter des Hauses. Aber im Laufe der Zeit nahmen sie langsam Amerika an und sogar »Bad Cat«. Sie begannen ganz langsam sogar Englisch zu reden bei kleineren Botengängen im Supermarkt, »Sugar???«. Sie begannen die City zu mögen, die Lichter, die Wolkenkratzer, die Menschenmassen. Wir fuhren aufs Empire State Building, unvermeidlich. Die Sonne ging gerade unter, die Frau sagte: »Seht ihr die beiden hohen Türme da hinten? Das ist das World Trade Center. Von da oben kann man an schönen Tagen bis nach Delaware gucken. Das sehen wir uns nächste Woche an.«

Am zweiten Abend in Amerika saßen Frau und Mann auf der Terrasse, als unser lieber Nachbar David vorbeischaute. »Hey folks«, sagte er, »nice to meet you«. Nachbarn in Amerika sind eine prima Erfindung. Nachbarn in Amerika sind im Schnitt freundlicher als Nachbarn in Deutschland. Man lädt sich gegenseitig unentwegt ein, zu allen möglichen Anlässen. Also sprach David, Rechtsanwalt: »Wir haben am Samstag ein kleines Fest in unserem Wochenendhaus am See. Kommt doch. Dann lernt ihr auch den Rest der Nachbarschaft kennen.« Es kamen viele Familien mit vielen Kindern an den See, und aus dem Fest wurde unser erster interkultureller Crashkurs. Amerikanische Kinder sind nämlich etwas anders als europäische Kinder. Ich saß mit der Frau auf einer Bank am See, und wir wollten uns gerade eine Zigarette anstecken, da rief ein sehr dickes, blondes Mädchen aus dem Wasser: »Rauchen macht Krebs und schlechten Atem«. Ich war schwer versucht zurückzurufen »zu viele Hamburger machen dick und frech«, aber da stand schon der Vater des dicken Mädchens neben uns und fragte: »Warum raucht ihr?« Ich sprach: »Es ist ein Laster, ich weiß. Es ist eine Sünde.« Und er sagte: »Nein, es ist mehr als eine Sünde«, und seine dicke Tochter freute sich. Sie freute sich nicht sehr lange. Kurz drauf war sie wohl auch mal frech zu ihrem Vater, und der sperrte sie ins Auto und schloss ab, und sie schrie von drinnen und trommelte gegen die Fenster. Vielleicht deshalb, weil zur selben Zeit gegrillte Hamburger gereicht wurden. Die Töchter waren ein wenig irritiert über das dicke, blonde Mädchen im Auto und ihren nicht weniger voluminösen Vater, der, wie wir lernten, ein bekannter Herzspezialist ist und auch in unserer Nachbarschaft wohnt. Wir haben keinen besonders guten Kontakt zu ihm seit dem Fest am See, Rauchen gefährdet unsere und offenbar auch seine Gesundheit. Manchmal sehen wir ihn und seine Tochter, wir nicken uns zu. Die beiden sind immer noch sehr dick, und wir rauchen immer noch.

Die ersten Tage in Amerika verflogen, während wir campten und unsere Möbel und ein kaputtes Klavier auf dem Atlantik waren. Die Streifenhörnchen-Population in unserem Garten erholte sich schleppend von »Bad Cat«, die Töchter machten famose Fortschritte mit ihrem Englisch und sprachen bei den Botengängen im Supermarkt fast schon komplette Sätze, »Sugar. Please, sugar«, und langsam zog der Ernst des Lebens in unser Haus. Wir meldeten die Töchter an der Deutschen Schule New York in White Plains an, und beim Gespräch mit dem Direktor merkten Frau und Mann, dass wir sehr wahrscheinlich keine guten Deutschen sind. Der Direktor, ein Mann mit Hornbrille und rheinischem Akzent, sagte: »Wir haben dienstags abends einen Chor für die Eltern. Wir singen Kantaten. Sie sind herzlich eingeladen.« Es war ein Segen, dass die Frau geistesgegenwärtig in den Oberschenkel ihres Gatten kniff und damit einen schweren Lachanfall im Ansatz unterband. Singen ist ja schon in Deutschland nicht schön, aber in New York? Kantaten? In der Schule? Der Direktor musste verrückt sein. Er verließ im darauffolgenden Jahr auch die deutsche Schule, aber sie singen dort immer noch.

Der Container mit unseren Möbeln und dem kaputten Klavier drin kam an einem Montag, und mit dem Container kamen Richard, Samuel und Larry. Drei kräftige schwarze Möbelpacker, echte Jungs aus dem Leben, Bronx. Man stellte zuallererst fest, dass deutsche und amerikanische Möbelpacker ungefähr gleich große Mägen haben. Nur, dass es in Amerika keine Brötchen gibt. Aber dafür zum Beispiel »Italian Combo in a Wedge«, was ein ungefähr 70 Zentimeter langes Pappbrot mit halb Italien drin ist. Derart gestärkt, halb Italien im Bauch, schleppten Richard, Samuel und Larry die 750 Kartons und das kaputte Klavier ins Haus und bauten Betten und Regale auf und sagten lustige Sachen wie »I can't Ei-kie-ja«. Was sich insofern später bewahrheiten sollte, als dass sämtliche Ikea-Regale wackelten und die Betten auch. Die Frau delegierte die Kartons in die jeweiligen Räume. Auf einem Karton stand nur eine Nummer und sonst nichts. Es war unendlich viel Packpapier in diesem Karton, eine finnische Schonung Wald mindestens. Ich wühlte und wühlte und wühlte – und schließlich kam die prä-dadaistische Enten- oder Gans- oder Drossel- oder Amsel-Laterne zum Vorschein und danach der fiese Weihnachtsfeier-Zinnbecher, und es folgte ein giftiger Blicke-Austausch mit der Frau, ehe ich mich aus dem Staub machte für ein Interview in Harlem.

Dunkle, schwere Regenwolken hingen über New York, als das Handy klingelte und die Frau, an sich eine Seele von Frau, tobte, sinngemäß: »Wenn du nicht soooofort nach Hause kommst, packe ich die Möbel gleich wieder ein.« Ich versuchte zu beschwichtigen, aber das machte alles nur schlimmer, denn sie sprach: »Die Kinder kamen kotzend aus der Schule, das Klo ist übergelaufen, das Wasser tropft durch die Decke und hat den Strom unterbrochen. Subito nach Haus! Oder...« Ich speichelte noch kleinlaut: »Ich verspreche, ab morgen bin ich dein Sklave!«, aber das hörte sie schon nicht mehr. Aufgelegt. Passend zur familiären Großwetterlage entlud sich ein gewaltiges Gewitter über New York.

Das war am Tag vor dem Tag.

Die Sonne schien am 11. September 2001, keine Wolke am Himmel, 30 Grad bereits am frühen Morgen, der ersehnte Regen hatte nicht die ersehnte Abkühlung gebracht. An jenem Morgen standen die Frau des Hauses und ihr Sklave in der Küche und räumten Gläser und Teller in Schränke und staunten über einen gewaltigen Bücherberg, den Richard, Samuel und Larry hinterlassen hatten, indem sie die Kartons mit den sorgsam sortierten Wälzern einfach ausgeschüttet hatten. Eine gewaltige Buchstaben-Suppe von A bis Z schwappte durchs Wohnzimmer, und die Frau war zeitweilig den Tränen nahe.

Die Sonne fiel warm durch das Küchenfenster, wir hörten Radio, im Garten suchte »Bad Cat« nach Frühstück. Es war ein wundervoller Morgen bis ungefähr viertel vor neun. Im Radio sprachen sie über die Hitze, das wegen Unwetters schließlich abgesagte Baseball-Spiel der New York Yankees gegen den Erzrivalen Boston Red Sox, die für den Abend angesetzten Vorwahlen fürs Bürgermeisteramt und eine Praktikantin, die eine Affäre mit einem Kongress-Abgeordneten hatte und nun vermisst wurde. »Missing Chandra Levy« war bis dahin die Top-Geschichte des Sommers. »Missing« sollte in den folgenden Wochen das dominierende Wort New Yorks werden. »Missing«, mehrtausendfach.

Dann, breaking News!!, eine Eil-Meldung: Rauch

aus dem World Trade Center. »Sieht aus, als wäre ein Sportflugzeug hineingeflogen. Ich kann ein kleines Loch erkennen«, sagte der Verkehrsreporter aus einem Helikopter und versprach »we'll keep you posted«, wir halten Sie auf dem Laufenden. Von diesem Moment an war der Sklave wieder Journalist. Der Präsident der Vereinigten Staaten von Amerika saß zur selben Zeit in einer Grundschule in Sarasota, Florida, und blätterte in einem Kinderbuch, »The Pet Goat«.

Ich kam um kurz nach zehn in Downtown an, als der Südturm gerade einstürzte und die Polizisten brüllten: »Laufen, laufen, laufen. Alle Richtung Norden, laufen«. Die Staubwolke war schneller. Das Gefühl für Zeit und Raum ging verloren, und irgendwann – wann auch immer – saß ich im Büro, und die Kollegen aus Deutschland riefen an und bestellten Geschichten, »Sonderausgabe!« Draußen rannten in Panik Tausende von Menschen die 42. Straße entlang, ich konnte ihre Schreie hören, weil irgendwelche Wahnsinnigen, Trittbrettfahrer des Horrors, drohten, den Bahnhof Grand Central Terminal in die Luft zu jagen. Unser Bürogebäude wurde evakuiert; es lag nur einen Block vom Grand Central entfernt exakt auf der anderen Straßenseite des Chrysler Buildings, und die Behörden fürchteten, dass ..., aber wir ignorierten die Warnung und waren in den nächsten Tagen sehr einsam in unserem Hochhaus.

Als der Abend kam, legte sich eine nie erlebte Stille über die Stadt. Kein Auto fuhr, kaum ein Bus, kein Hupen, nichts. Stille. Sie hatte etwas Gespenstisches. Die ersten Zahlen kursierten. Bis zu 30 000 Tote, hieß es. Die Stunden vergingen im Zeitraffer, die Tage in

Liebe Fluggäste, aus Sicherheitsgründen bleibt heute
am Jahrestag des 11. September während des gesamten Fluges
das Cockpit geschlossen.

Trance. Adrenalin, Koffein, Nikotin hielten den Körper aufrecht. Auf Ground Zero, Sperrgebiet, dampften die Trümmer, die Leute vom Roten Kreuz verteilten Atemschutzmasken an Helfer und Journalisten. Sie sagten: »Asbest.« Jahre später würden Tausende von Feuerwehrleuten, Freiwilligen und Arbeitern an Lungenkrankheiten leiden.

Drei Tage später kam ich nach Hause zum Rasieren, Duschen und Wechseln der Klamotten, in denen feiner, weißer Staub hing und ein süßlich-fauliger Geruch. Unsere Nachbarn David und Myra schauten vorbei. Sie rechneten jeden Moment mit weiteren Angriffen, sie horteten Wasser, hoben Bargeld ab, betankten ihr Auto. David sagte: »Es ist Krieg«, und als sie gingen, sagten wir: »Manchmal spinnen sie, die Amis.« Und damit meinten wir damals nicht nur Bush.

Die Töchter, zweite und vierte Klasse, verstanden auch nicht. »Wer ist Bin Laden?«, fragte die Ältere. Und: »Warum hängen hier überall Fahnen?« Einmal, zwei Monate nach den Anschlägen, trafen wir einen Vater mit seinen beiden Söhnen. Seine Frau, Alayne Gentul, hatte im Nordturm erst 40 Menschen das Leben gerettet, und als sie sich schließlich selbst retten wollte, war es zu spät. Die Töchter spielten mit den Jungs, sie lachten gemeinsam, sie verständigten sich ohne große Worte. Später fragte die jüngere: »Warum konnten Robin und Alex lachen?« Sie fragt das heute im Abstand von sechs Jahren noch manchmal. Die Töchter begriffen das Ausmaß der Tragödie damals noch nicht. Sie waren sieben und neun, als wir in die Villa Kunterbunt zogen, Kinder. Und als wir das Land wieder verließen, waren Teenager aus ihnen geworden, die Englisch wie Deutsch sprachen, aber Englisch bevorzugten. Zwischen unserer Ankunft in New York und dem Angriff auf das World Trade Center lagen knapp zwei Wochen. Wir haben es nie aufs Dach geschafft, um von dort nach Delaware zu gucken. Das Telefon zu Hause klingelte ständig, Freunde, Verwandte, Bekannte, Kollegen. Sie machten sich Sorgen. Alle, alle, alle fragten: »Wann kommt ihr zurück nach Deutschland, wann kommt ihr nach Hause?« Und die Frau antwortete wahrheitsgemäß:

»Wir sind zu Hause.«

Emergency on King Street
Beethoven, Handwerk und Katastrophen

Der Bücherberg im Wohnzimmer machte sich nach einer Weile sogar ganz gut, er störte kaum noch. Er gehörte irgendwie zur Familie in den Wochen nach den Anschlägen, als Amerika erstarrte und wir keine Zeit hatten, an den Bücherberg auch nur zu denken. Manchmal legten die Töchter des Hauses Decken über den Berg, aber die Decken machten das Zentralmassiv nur noch massiver. Er lag da, gewaltig, unsortiert, an seiner Nordflanke eher die Taschenbücher, die Südflanke Hardcover, gestützt auf einen Gletscher von Lexika, und ganz weit oben, fast unterhalb des Gipfels, Rolf Winters »Ami Go Home«. Ein imposanter Berg war das, dank der spontanen Eingebung von Richard, Samuel und Larry, Bronx.

Der Mann war ohnehin selten zu Hause und konnte sich beim Abtragen des Massivs daher kaum nützlich machen, und die Frau hatte auch keine Zeit, denn sie kämpfte tapfer, sehr tapfer, mit den ersten Tücken unserer Villa Kunterbunt. Mitunter sprach sie: »Es werde Licht«, und sie drückte auf einen Schalter, aber es wurde kein Licht. Und es wurde auch kein warmes Wasser. Erst kam der Elektriker und fummelte an drei

Leitungen und kassierte 93 Dollar. Nach dem Elektriker kam der Klempner. Er heißt Dave, wir haben uns an seinen Namen gewöhnen müssen. Dave schlackste die Kellertreppe hinunter Richtung Stützpfeilerwald und Kabelsalat und drückte auf einen Lichtschalter. Die Frau sprach: »Sorry, das Licht im Keller geht nicht«, und Dave sagte: »Sorry, aber das ist kein Lichtschalter. Das ist der Schalter für den Warmwasserboiler.« Machte 93 Dollar. Dave hat die unangenehme Angewohnheit, bei seinen Besuchen Beethovens Neunte zu pfeifen, denn er war, wie sich herausstellte, deutscher Abstammung, kannte aber aus dem Land seiner Vorfahren lediglich Autobahn und Beethoven, den er allerdings für einen Belgier hielt.

Dave war in den ersten Wochen und Monaten sehr oft zu Gast bei uns, und die Töchter grüßten ihn wie einen guten Bekannten, »Hi Dave«. Einmal kam er und setzte die Waschmaschine wieder in Gang. Zu diesem Zweck schraubte er das Gerät mehr oder weniger komplett auseinander. Amerikanische Waschmaschinen sind nun etwa so groß wie europäische Kleinwagen, was zwar nichts, nichts, nichts über die Waschqualität aussagt, denn europäische Wäsche wird hier nur sauber mit ausreichend Bleichstoff, das heißt: an sich gar nicht sauber, aber das ist eine andere Geschichte.

In der Küche sah es bald aus wie in einer Autowerkstatt, statt Öl nur Wasser, viel Wasser. Nach ein paar Stunden hatte Dave das Puzzle endlich zusammengesetzt, und sie funktionierte wieder. Bis abends. Dave hatte dummerweise eine Plastikschüssel im Waschmaschinenbauch vergessen wie Chirurgen gelegentlich Skalpelle in Patientenmägen. Irgendwann begann es, unangenehm nach Kunststoff zu stinken.

Am nächsten Tag kam er wieder, zerlegte die Waschmaschine abermals und fragte die Frau, während er schraubte und pfiff: »Kommt ihr eigentlich aus dem guten oder dem bösen Deutschland?« Sie sagte ihm, dass das doch stark von der Sichtweise abhänge. Und er erwiderte knapp: »Ich meine: Osten oder Westen?« Die Frau nahm sich dann Zeit für Dave. In der irrigen und grob naiven Annahme, dass ein bisschen Geschichts- und Geografieunterricht womöglich die Rechnung positiv beeinflussen könne. Sie hockte sich also in den Waschmaschinentrümmerhaufen neben Dave auf den Küchenboden und zeigte unsere Urlaubsbilder aus dem »bad part« Deutschlands, Insel Rügen. Dave war schwer beeindruckt von Kreidefelsen und Kap Arkona und Fischerdörfchen und Binz und Ostsee, »Wow!«. Er hatte alles mögliche dort erwartet im »bad part« Deutschlands, wahrscheinlich rote Fahnen und stinkende Zweitakter und graue Menschen, aber nicht so eine Landschaft, blühend im Übrigen. Die Frau erklärte ihm behutsam, dass es also kein gutes und böses Deutschland mehr gäbe, »wir sind jetzt eins«, das nahm er zur Kenntnis, und dann hatte Dave eine Eingebung: »Ach ja, Ronald Reagan, richtig, richtig. Der hat doch die Mauer eingerissen.« Die Frau beließ Dave in dem Glauben, denn man sollte es sich nie, nie, nie mit Handwerkern verderben in Amerika. Dave kassierte seine 93 Dollar, und es gab keinen Rabatt, nicht mal für Reagan.

Als Dave ging, wusch die Waschmaschine wieder. Aber leider nur so lange, bis der Geschirrspüler seinen Job tun sollte. Danach liefen weder Geschirrspüler noch Waschmaschine. Dave kam wieder am nächsten Tag, pfiff Beethovens Neunte und klärte uns auf. Die Sicherungen. Denn die Formel in unserem Haus geht so: Waschmaschine plus Geschirrspüler gleich Stromausfall. Er kassierte abermals 93 Dollar für handgestoppte drei Minuten Arbeit.

Nach ein paar Wochen begannen wir Dave zu hassen und zu zweifeln am High-Tech-Land Amerika. Im Fernsehen funktioniert ständig alles in Amerika: die Telefone, die Computer, die Aufzüge, die U-Bahnen, die Geschirrspüler, Waschmaschinen und die Pistolen.

Das Fernsehen lügt.

In Wahrheit, außer im Fernsehen, funktioniert in Amerika verhältnismäßig wenig bis auf die Pistolen. Wenn wir zu Hause mit dem Handy telefonieren wollen, müssen wir bei gutem Wetter auf einen kleinen Hügel steigen, das Gerät in die Höhe halten und beten. Vor Jahren brannte in Lower Manhattan ein Trafo-Häuschen in der U-Bahn ab; ein Obdachloser hatte ein Feuerchen gemacht, um sich zu wärmen, minus dreizehn Grad, und das Feuerchen führte zu einem veritablen Chaos und verspätete 600 000 Menschen auf dem Weg zur Arbeit und zurück. Ein Offizieller von der U-Bahn erklärte anderntags, es werde drei bis fünf Jahre dauern, bis das Trafo-Häuschen wieder repariert sei. Das wiederum löste einen Protest-Sturm aus, und der arme Offizielle musste sich dafür entschuldigen. Obwohl der Mann nichts als die Wahrheit sprach, weil er amerikanische Handwerker vermutlich bestens kannte.

Die ältere Tochter fragte kurz nach unserer Ankunft in Amerika erstaunt: »Was ist denn das da?« und deutete auf ein imposantes Kabelwirrwarr in der Luft. »Oberlandleitungen«, sagte die Frau damals. Die Tochter hatte Oberlandleitungen noch nie gesehen. Außer in Bayern vielleicht, aber nicht mal im »bad part« von Deutschland. So gingen die ersten Wochen ins Land. Mit kaputten Waschmaschinen, irreführenden Lichtschaltern und: Dave.

Als wir uns an einem Sonntag im Oktober endlich an den Bücherberg machen wollten und die Töchter an die Taschenbuch-Südflanke setzten, fielen Bomben auf Afghanistan, und es wurde wieder nichts aus der Erstbesteigung. Zuvor hatten Geisteskranke Briefe mit Milzbrand-Erregern an Politiker, Fernsehmoderatoren und ganz normale Amerikaner verschickt, Menschen starben, und Amerika verfiel abermals in kollektive Hysterie. Im Fernsehen liefen Dauersendungen darüber, wie man sich am besten schützt vor Milzbrand und Bin Laden. Am besten mit Gasmasken und Klebeband an den notorisch undichten Fenstern. Auf der Madison Avenue in Manhattan machte ein Mann namens Dan Gallo in seinem »Counter Spy Shop« mörderische Umsätze. Er verkaufte fünfzig Gasmasken täglich und dazu Schutzanzüge, und seine dreizehnjährige Tochter guckte ein wenig betreten, als er die Dinger mit nach Hause brachte, schlüpfte aber auch hinein. So saß Familie Gallo abends vor dem Fernseher, in Schutzanzügen und mit Gasmasken, und lauschte toupierten Blondinen, die Schutzanzüge und Gasmasken priesen.

David, unser prima Nachbar, kam wieder vorbei

und warnte die naiven Europäer wieder: »Es ist Krieg«, und wir sollten den Wagen betanken und Wasser kaufen gehen und Klebeband für die Fenster am Haus, und wir versuchten, ihn zu beruhigen, und sprachen: »Für den biologischen und atomaren und Milzbrand-Erreger-Notfall haben wir immer Whiskey im Haus.«

Wir halten das bis heute so. Gelegentlich ist mir nach Whiskey und der Frau des Hauses auch, aber das hat nichts mit Bin Laden zu tun und nur manchmal mit Bush, sondern meistens mit anderen Notfällen in der Villa Kunterbunt. Man lernt das deutsche Bauwesen und Handwerk sehr schätzen in Amerika. Ziemlich unangemeldet kam eines Tages, es war ein Sonntag, die Decke im Esszimmer herunter. Sie landete, platsch, auf dem Esszimmertisch und verschonte glücklicherweise die Bar mit den Whiskeyflaschen obendrauf. In der Decke war ein riesiges Loch, und der eilig verständigte Wochenend-Rund-um-die-Uhr-Notfall-Klempner der Firma Bruni & Campisi, nicht Dave!!!, sagte am Telefon, er werde in den nächsten Tagen mal vorbeischauen, was er drei Tage nach dem Deckensturz auch tat. Er hieß Gustavo, er kam mit einem großen weißen Van vorgefahren und machte ein sehr befugtes Gesicht, während er das Loch in der Decke und die Decke auf dem Tisch neben der Bar mit den Whiskeyflaschen obendrauf inspizierte. Er stand eine Weile da, rieb sich das Kinn und sagte dann: »Zu spät, kann man nichts machen.« Die Frau fragte Gustavo, was er nun zu tun gedenke und warum die Decke auf dem Boden liege, und er schüttelte den Kopf und sprach: »Feuchtigkeit wahrscheinlich«, was zweifelsfrei stimmte. Gustavo sagte, sein Cousin

Alonso sei ein prima Deckenrestaurateur. Er verlangte 93 Dollar und verständigte Alonso, der tags darauf tatsächlich erschien, das Loch in der Decke und die Decke auf dem Boden betrachtete, »Feuchtigkeit wahrscheinlich« sprach und »drei Tage Austrocknen« verordnete. Er verlangte 93 Dollar, kam nach drei Tagen wieder, lud die Decke auf dem Boden auf seinen Laster, verschloss das Loch in der Decke mit ein paar Regipsplatten, strich die weiß, verordnete »drei Tage Austrocknen« und verlangte 350 Dollar.

Vor einigen Monaten testete die Frau noch mal den Wassergehalt der Decke, und verewigte sich dort mit dem kleinen Finger. Es ist nur eine Frage der Zeit, wann uns die Decke wieder auf den Kopf und hoffentlich neben die Whiskeyflaschen fällt.

Uns geht es vergleichsweise noch gut. Bei Freunden sprudelt seit Jahren ein unfreiwilliger Brunnen im Keller. Erst kamen Klempner, dann kamen Leute von der Stadt, dann kamen neue Klempner und neue Leute von der Stadt, und niemand, niemand, niemand kann bis heute schlüssig und flüssig erklären, warum in ihrem Keller ein Brunnen sprudelt. Er ist einfach da. Irgendwann haben sie eine Pumpe installiert, und das Sprudelwasser wird nunmehr abgepumpt in den Wasserkreislauf, bis es als Sprudelwasser wieder aus dem Brunnen springt und abgepumpt wird und wieder springt. Das ist ein schönes Schauspiel, und als unsere Freunde sich beschwerten, das könne doch keine Lösung sein, antwortete ein Mann von der Stadt: »Warum denn nicht?«

Und ihnen geht es vergleichsweise noch gut. Es kann vorkommen, dass es in ganz Manhattan merk-

Amerikanische Handwerker nach Feierabend

würdig streng nach faulen Eiern stinkt und die Menschen pronto an Giftgas denken, und dann ist doch nur ein Rohr an der 34. Straße geplatzt oder drüben in New Jersey, was dort vermutlich weniger auffällt, weil der Bundesstaat inoffiziell wegen seiner vielen Raffinerien auch »the smelly state« genannt wird. Oder es kann vorkommen, dass ein Wasserdampf-Rohr explodiert auf der Lexington Avenue und Dampf und Dreck 150 Meter hoch in die Luft schleudert und die Menschen pronto an den 11. September denken und dann ganz erleichtert sind, wenn sie hören, dass es nur ein geborstenes, morbides, 83 Jahre altes Rohr war. Es ist grundsätzlich ein prima Schauspiel, wenn geborstene Rohre repariert werden. Ich wurde selbst Zeuge eines mehrwöchigen Spektakels auf der 44. Straße in der Nähe vom Times Square auf Höhe unserer bevorzugten Tränke, »Jimmy's Corner«. Ein Trupp von Bauarbeitern rückte an, buddelte ein zwei Meter tiefes Loch und baute einen Holzverschlag um das Rohr. Sie hatten auch einen Bagger dabei, und der Baggerführer musste etwa alle halbe Stunde die Schaufel ins Loch mit dem kaputten Rohr bugsieren. Dann las er wieder Zeitung, und die Kundschaft von »Jimmy's Corner« amüsierte sich prächtig. Saj, ein befreundeter Kollege, vermutete, dass der Baggerführer fürs Zeitungslesen und Alle-halbe-Stunde-Schaufel-Betätigen mindestens 160 Dollar pro Stunde verdienen und damit seine Kinder nach Yale schicken würde. Nach zwei Tagen zogen die Bauarbeiter wieder ab, verschlossen das Loch mit Stahlplatten und Teer und setzten auf die Stahlplatten ein orange-weiß gestreiftes, phallusähnliches Dampf-Abzugsrohr. Sodann dampfte es in der 44. Straße vor »Jimmy's Corner« ein paar Wochen; es dampfte aus sämtlichen Ritzen und natürlich aus dem Phallus-Rohr, man hätte sich nicht weiter gewundert, wenn Stahlplatte und Phallus mit einem gewaltigen Knall Richtung Orbit abgehoben hätten.

Zwei Wochen später erschien schließlich ein weiterer Trupp Bauarbeiter von der berüchtigten Elektrizitätsfirma Con Edison. Con Edison ist in New York City in etwa so beliebt wie George W. Bush. Sie haben ebenso wie Bush den Ruf, tölpelhaft zu sein und inkompetent. Das Erscheinen der Con-Edison-Menschen löste bei der Stammkundschaft in »Jimmy's Corner« helle Begeisterung aus. Wir begaben uns in größerer Runde auf die Straße, und Saj, der Journalist, sprach hellsichtig: »Das wird jetzt besser als jede Komödie da hinten am Broadway.« Die Con-Edison-Leute trugen Helme. Sie entfernten erst die Stahlplatten und den dampfenden Phallus und hievten dann ein neues, blitzeblankes Rohr von ihrem blauen Lkw. Es war ein insgesamt guter Auftakt der Show, und wir applaudierten brav. Das Problem war nun: Das Rohr passte nicht ins Loch, zu lang. Die Con-Edison-Männer drehten das Rohr und wendeten es; sie versuchten es hochkant und von links und von rechts. Jeder Drittklässler hätte nach spätestens 30 Sekunden erkannt, dass Loch und Rohr keine Freunde werden würden. Der Con-Edison-Trupp brauchte dafür 20 Minuten. Wir tranken in der Zwischenzeit zwei Bier. Die Arbeiter umstanden ratlos den Krater, und wir umstanden höchst vergnügt und leicht angeheitert die Arbeiter, und irgendwann sagte Saj: »Zersägen, Jungs, es hilft nur zersägen.« Eine halbe Stunde darauf kam ein anderes blaues Auto von Con Edison vorgefahren, darin drei weitere Arbeiter und ein Schweißgerät. Eine weitere Stunde später war das Rohr zerteilt, passte endlich in den Krater, aber, dann – großer Schock – nicht auf das kaputte Rohr.

Die Menschentraube um die ratlosen Fachkräfte wuchs gegen zehn, als die Broadway-Stücke zu Ende gingen und die Theaterbesucher eine Zugabe vor »Jimmy's Corner« bekamen. Einer im Tuxedo fragte am dampfenden Loch: »Ist das der Eingang zur Hölle?«, aber das fanden die Con-Edison-Menschen gar nicht komisch. Sie standen abermals ratlos am Kraterrand, und am Ende – Eureka! – bauten sie eine Art notdürftige Schelle um das kaputte Rohr, luden das neue, blitzeblanke und nunmehr aus zwei Teilen bestehende Rohr auf den blauen Wagen, verschlossen den Krater mit den Stahlplatten, setzten den orangefarbenen Phallus wieder oben drauf und fuhren nach Hause. Saj rief: »We are proud of you, guys«, es gab zögerlichen Applaus. Saj stammt aus Mumbay. Er sagt, dass ihn New York technologisch ungeheuer an seine alte Heimat erinnert, es fehlten lediglich die Kühe auf den Straßen. Statt der Kühe haben wir in New York eben Stahlplatten über Löchern, und überall dampft es aus den Löchern, und eines Tages werden die Straßen der Stadt nur noch aus dampfenden Stahlplatten bestehen, und irgendwann wird die Stadt einfach versinken in einem gigantischen Loch aus Dampf, und mit ihr und vorneweg die Leute von Con Edison, beliebt wie Bush.

Denn es kann sommers vorkommen, dass 175 000

Menschen im Stadtteil Queens bei 35 Grad und 90 Prozent Luftfeuchtigkeit zehn Tage lang ohne Elektrizität leben müssen und langsam in ihren Wohnungen gedünstet werden. Und es kann winters passieren, dass Gully-Deckel in Manhattan unter Strom stehen und arme Passanten wenigstens einen Schlag kriegen oder schlimmstenfalls elektro-exekutiert werden.

Es ist andererseits bewundernswert, mit welchem Langmut die New Yorker diese Imponderabilien tolerieren. Sie kennen es nicht anders.

Vielleicht fehlt uns dieser Langmut. Speziell ich habe definitiv ein Langmut-Defizit, das im Laufe der Jahre und sehr zum Groll der Frau auch nicht besser wurde. Ich fiel durch die meisten Geduldsproben. »Du bist immer noch zu deutsch«, rüffelte die Frau. Oder, noch schlimmer: »Langsam müsstest du doch wissen, wie's hier ist.«

Theoretisch ja. Praktisch nein.

Draußen fror es, minus 12 Grad, und wenn es friert, platzen bei uns gern die Wasserrohre. Worauf man abermals die Rund-um-die-Uhr-Notfall-Klempner »Bruni & Campisi« verständigte, einer netten Dame erklärte, dass sie bitte nicht Gustavo schicken möge, und gesagt bekam: »In sechs Tagen hätten wir abends um neun noch was frei.« Sechs Tage Warten sind ganz normal in Amerika, weil überall die Rohre platzen und »Bruno & Campisi« flicken, flicken, flicken. Wir sind nicht allein.

Die Frau spülte eher widerwillig in der Badewanne, was sein muss, muss sein.

Nach sechs Tagen klingelte es abends um neun, und draußen stand Sal, ein hünenhafter Angestellter von »Bruni & Campisi«. Die Frau des Hauses zeigte Sal das Leck unter der Spüle und erklärte ihm, dass das Wasserrohr allerdings draußen verlaufe und er, um zum geborstenen Rohr zu kommen, durch ein Loch in der Terrasse schlüpfen müsse, und daraufhin verfinsterte sich seine Miene. Sie stellte Sal auch die Sinnfrage: »Warum verlaufen Wasserrohre in Amerika eigentlich draußen an den Häuserwänden?«, und Sal antwortete entwaffnend ehrlich: »Wie sollen wir sonst denn drankommen, wenn sie platzen?« Die Frau erwiderte, dass Wasserrohre vermutlich gar nicht erst platzen würden, wenn sie wie in good Old Europe drinnen …, aber in diesem Moment schrie Sal auch schon. Wir dachten, sein Blinddarm sei durchgebrochen, mindestens. Aber Sal deutete auf die Spüle und stotterte: »Da, da, da«, doch »da, da, da« war nichts außer einer winzigen Spinne. Sal, lernten wir, litt unter Spinnenphobie und bedeutete uns, dass er nicht der Richtige sei für diese Art von Reparatur wegen der Spinne in der Spüle und dem Loch unter der Terrasse. Dann verließ Sal das Haus.

Drei Tage später erschien unser Dave. Die Töchter begrüßten ihn wie einen alten Bekannten, »Hi Dave«. Er schlüpfte durch das Loch in der Terrasse, robbte bis zum kaputten Rohr und flickte es, während er Beethovens Neunte pfiff. Wir haben uns selten so über Dave gefreut.

Grüße aus Sing Sing
Patriotismus, Gesetze und Verbote

Die Töchter nahmen ihre neue Heimat mit famoser Geschwindigkeit auf. Nach einigen Wochen formulierten sie ganze Sätze, die weit über »Sugar, please, sugar« hinausgingen. Sie wurden schneller amerikanisch, als wir erwartet hatten. Zwei Monate nach unserer Ankunft sprach die jüngere: »Ich würde gerne mal Schlittschuhlaufen lernen.« Die jüngere Tochter war und ist die sportlichere der beiden, und ihre Schwester schloss sich eher widerwillig an. Und so lernten sie Schlittschuhlaufen in einer alten Eishalle in Rye Playland, einem morbiden Vergnügungspark mit morbiden Karussells drin. Kurz vor Weihnachten nahmen die Töchter des Hauses an ihrer ersten Aufführung in Amerika teil, einem Tribut für die Opfer des 11. September. Die Veranstaltung stand unter dem Motto »United we stand«, und aus diesem Grund mussten sie in den Landesfarben blau, weiß und rot eingekleidet werden und eine kleine US-Fahne schwingen, während sie übers Eis liefen. Ich war vom patriotischen Klang der Vorführung nur partiell begeistert, aber die Frau grollte: »Nun lass sie doch. Wenn's ihnen Spaß macht, und außerdem würde dir

DAS NENNE ICH PATRIOTISMUS!
TIL

ein bisschen Sport auch nicht schaden.« Ein hellblaues Faltblatt lag aus mit den Namen aller teilnehmenden Kinder. Eltern und Großeltern und Freunde saßen auf morschen Bänken in der Eishalle, eine blonde Ansagerin mit Pferdeschwanz, blauem Hemd, roter Hose und weißem Gürtel hieß uns alle willkommen und sagte, wir könnten stolz sein, solche Kinder zu haben. Dann lief Bruce Springsteens »Born in the U-S-A« vom Band, und die Kinder der stolzen Eltern kamen aufs Eis gelaufen in blauen Hemden, roten Hosen, weißem Gürtel um die Hüften und US-Fähnchen in der linken Hand. Ich beugte mich zur Frau und sagte vielleicht eine Spur zu hämisch: »Wissen die eigentlich, dass Springsteen dieses Lied aus Protest geschrieben hat und es alles andere als patriotisch ist«, aber die Frau sagte nur: »Nun sei doch nicht immer so kritisch, du Stinkstiefel. Guck lieber deinen Töchtern zu.«

Aus dem ursprünglichen Motto »United we stand« wurde auf dem Eis sehr schnell »United we fall«, unsere Töchter leider vorneweg, aber das machte nichts. Die Kinder bekamen von Eltern, Großeltern und Freunden viel Applaus, weil der Wille mehr zählt als der sportliche Nährwert. Am Ende kamen alle Teilnehmer noch mal aufs Eis, und »Star Spangled Banner« tönte durch die Halle, und alle, auch die Töchter, legten völlig selbstverständlich die Hand aufs Herz, was mir etwas zu weit ging, aber in Amerika unvermeidlich ist. Die Hymne wird immer und überall gespielt, man kann ihr nicht entgehen. Sie wird im Supermarkt gespielt und im Radio und bei jeder, jeder, jeder Sportveranstaltung. Ich hatte immer ein Hymnen-Problem, schon als Kind, aber das schien sich nicht vererbt zu haben. Die Töchter sind in jedem Fall gute Amerikanerinnen geworden.

Im ersten Sommer wollten die beiden ins Camp. Jedes amerikanische Kind kennt Camps. Denn die Sommerschulferien in Amerika sind mindestens zwei Monate lang, und amerikanische Eltern haben selten mehr als zwei Wochen Urlaub pro Jahr. Deshalb gibt es Camps für betreutes Spielen. Es gibt auch Camps für weniger leidliche Kinder, die sogenannten »Boot Camps«, welche aber pädagogisch weniger empfehlenswert sind, weil dort die weniger leidlichen Kinder auch weniger leidlich behandelt werden und nach sportlichen Aktivitäten wie beispielsweise 30-Meilen-Märschen durch die Wüste von Arizona schon mal verdursten. Unsere Töchter mögen keine 30-Meilen-Märsche durch Wüsten, sie mögen nicht mal Spaziergänge, und also entschieden wir uns für das Playland-Camp in Rye, den morbiden Vergnügungspark mit den morbiden Karussells drin.

Am ersten Tag des Camps kamen die Töchter irritiert nach Hause. Sie waren schwimmen, prima Sache an sich. Aber alle zehn Minuten mussten sie raus aus dem Pool, weil ein Betreuer »Buddy-Check!« rief, was nichts mit Rempeleien beim Eishockey zu tun hat, sondern so viel heißt wie »Kumpels zählen«. Auf diese Weise prüften die Betreuer, ob in den letzten zehn Minuten ein Kind abgesoffen war. Die kleinere Tochter fand das zwar reichlich »stupid«, wie sie beteuerte. Sie wollte nur schwimmen und nicht alle paar Minuten Kumpels zählen, die sowieso nicht absoffen. Aber wir erklärten ihr behutsam, dass das so ist in Amerika.

Denn nichts geht in diesem Land über die Sicherheit der lieben Kleinen. Deshalb dürfen Kinder unter zwölf Jahren nicht alleine Fahrrad fahren, nicht alleine schwimmen, nicht mal alleine aufs öffentliche Klo. Andererseits dürfen amerikanische Kinder schon mit zwei Jahren in TV-Shows auftreten, mit fünf Schönheitswettbewerbe gewinnen und mit 16 Auto fahren und kurz darauf dolle Pistolen kaufen. Amerikaner, das ist unbestritten, sind furchtbar kinderlieb und tun alles für ihre Nachkommen. Letzter Schrei sind Spas, Wohlfühl-Anlagen für Fünf- bis Zwölfjährige, in denen die für sündhaft viel Geld Gesichtsmasken verpasst kriegen und die Nägel lackiert und den Rücken massiert. Danach sehen die zwar nicht mehr wie Kinder aus, sondern wie manikürte Zwerge, aber den Eltern gefällt es, und das ist ja die Hauptsache. Amerikanische Kids haben es richtig gut. Morgens holt sie der gelbe Schulbus ab, und die Autos stoppen auf beiden Straßenseiten. Kurz darauf schlappen sie durch eine Metallschleuse wie auf dem Flughafen in die Bildungsanstalt. Sie könnten ja ihre dollen Pistolen dabeihaben und andere versehentlich erschießen. Die Amerikaner denken wirklich an alles.

Unsere Töchter haben sehr schnell die vielen Verbote und Regeln verinnerlicht. Sie sind unselbständiger als früher und stellen Fragen, die sie in Deutschland nie stellten. In unserem allerersten Urlaub, acht Tage North Carolina, krähte die Kleinere über den Strand: »I have to pee! Darf ich aufs Kloo-hoo?« Wir nickten stumm und peinlich berührt. Dann, good old Europe!, hüpfte sie ins Meer.

Aber selbst diesen sehr praktischen Aspekt europäischer Badekultur legten beide rasch ab, und als sich die Jüngere im zweiten Sommer am Strand mit Hilfe eines großen Badetuches und unter Umgehung der Kabinen umziehen wollte, sie war da acht, griff ihre Schwester, sie war da zehn, beherzt ein: »Bist du verrückt? Wenn du hier nackig bist, wirst du verhaftet!«. Das war zwar leicht übertrieben, aber nur leicht. An unserem Strand, am Long Island Sound, ist verhältnismäßig wenig erlaubt. Das Wickeln von Kleinkindern ist ebenso streng untersagt wie lautes Musikhören oder die Verköstigung von Alkohol. Eigentlich darf man nur stumm in der Sonne liegen und zur Abkühlung ins Meer, aber auch nicht weit. Zur vollen Stunde meldet sich ein Bademeister, der Lifeguard, via Lautsprecher und mit schnarrendem Ton, ungefähr so: »Es ist vier Uhr. Der Strand schließt in zwei Stunden. Kinder dürfen nur in Begleitung ihrer Eltern ins Wasser. Wenn Sie Mobil-Telefone benutzen, sprechen Sie bitte leise. Und Sie dort hinten mit der blauen Badekappe – Sie sind zu weit draußen. Schwimmen Sie sofort zurück.« Der Sing-Sang dieser stündlichen Weisungen hat was von Sing Sing.

In Wahrheit darf man im Land der unbegrenzten Möglichkeiten verhältnismäßig wenig und wandert subito in den Knast, wenn man Verbote, Regeln und Gesetze ignoriert. 2,3 Millionen Menschen ignorieren regelmäßig Verbote und Gesetze und sitzen ergo in Verwahranstalten, mehr als in jedem anderen zivilisierten Land, inklusive China.

Den Kindern, auch unseren Töchtern, wird schon im Grundschulalter eingebläut, was erlaubt ist und was nicht. Drogen etwa machen: erstens natürlich tot und zweitens kriminell, wobei die Reihenfolge variiert. Solche Aufklärungsarbeit liegt in den Händen der örtlichen Polizei. Das Programm heißt »Drug Abuse Resistance Education« (DARE), und bei uns eilte zu diesem Zweck wöchentlich der fettleibige Officer Tom in die Lehranstalt, dozierte dort komischerweise nie über Fettleibigkeit und Fast Food, aber dafür ausdauernd über die fatalen Folgen des Rauchens. Was fatale Folgen insbesondere bei der jüngeren Tochter hatte, die im Alter von gerade zehn zu einer aufrechten Fundamentalistin wider den Qualm konvertierte. Sie versteckte fortan Zigarettenschachteln, schnitt fiese Zeitungsartikel über Krebs aus und Bilder von perforierten Lungen, die sie überall im Haus drapierte, und sprach Sätze wie: »Papa, bald bist du tot.« Gelegentlich schrieb sie Briefe folgenden Inhalts: »Wir wollen keine Waisen sein. Ihr tötet euch und uns. Ihr seid rücksichtslose Eltern ...«

Zur Untermauerung imitierte sie hüstelnd-keuchende Geräusche, die sie für eine Nebenrolle in einer Zauberberg-Neuverfilmung prädestiniert hätten. Sie drohte auch mit sofortigem Kuss-Verbot.

Zum Abschluss von DARE mussten alle Kinder einen Aufsatz schreiben, und die Tochter schrieb einen Aufsatz darüber, wie sie zu Hause ihre rauchenden Eltern bekampft, und gewann prompt den ersten Preis. Die Frau wohnte der Preisverleihung in der Schul-Aula bei, was für sie allerdings nur von limitiertem Unterhaltungswert war, weil die Tochter ihren Aufsatz laut vorlesen musste. Die Frau kam zwar ein Jota besser weg als der Mann, »mein Vater tötet uns alle systematisch durch Second-hand-smoke«, stand aber summa summarum doch als Rabenmutter da, »meine Mutter hindert meinen Vater nicht daran, uns alle systematisch durch Second-hand-Smoke zu töten«. Die Frau schwört, dass Officer Tom sie während der Festlichkeit permanent angestarrt habe und aus seinem Blick tiefe Abscheu sprach für die Rabenmutter und Mitleid für das arme Kind. Die tiefe Abscheu indes hinderte Officer Tom nicht daran, drei Stücke Käsekuchen zu verputzen, den die Frau eigens für die Zeremonie gebacken hatte. Am Ende sprachen alle Schüler die »Pledge of Allegiance«, einen heiligen Eid auf die US-Fahne, dass sie niemals rauchen, kiffen oder saufen würden, und die amerikanische Hymne lief vom Band.

Ich war froh, auf einer Dienstreise zu sein. Schon wegen meiner Hymnen-Phobie. Aber wir paffen zu Hause nur doch draußen vor der Tür.

Nun ist New York der ideale Ort, um dieses Laster loszuwerden. Vor allem, seit der Bürgermeister Michael Bloomberg im Jahre 2004 das Rauchverbot in Restaurants und Bars verfügte. In Bürogebäuden gilt schon lange striktes Rauchverbot, weshalb man in Intervallen von 90 Minuten den Fahrstuhl besteigt und hinunter auf die Straße fährt, wo die immergleichen Menschen denselben Intervallen folgen. Denn drinnen steht auf Rauchen mindestens die Todesstrafe. Als ich es einmal heimlich versuchte, am späten Abend, bekam doch irgendeiner Wind davon, und ein paar Tage später lag ein Brief von der Hausverwaltung auf dem Schreibtisch, mit detaillierten Drohungen ohne Bewährung. Also rauchen wir draußen. Wir sind ein kleiner, verschworener Haufen. Rauchen

Würden Sie bitte Ihren nicht entkoffeinierten Kaffee draußen vor der Tür trinken?

ist eines der letzten großen Abenteuer in dieser Stadt. Raucher sind in New York ungefähr so beliebt wie Osama Bin Laden oder George W. Bush. Man kann in New York problemlos nur mit Unterhose bekleidet den Broadway hinaufschlappen und den Weltuntergang prophezeien. Und kein Schwein dreht sich um. Aber wenn du rauchst auf der Straße, kommt garantiert jemand, gern Mütter mit Kleinkindern im Arm, und blökt: »Schämen Sie sich was!«

Und die Refugien schwinden. Zuletzt nahmen sie uns die Banane, die »Electric Banana« in Hell's Kitchen auf Manhattans Westside, eine großartige Kneipe, in der trotz New Yorker Rauchverbots munter gequalmt wurde. Als Aschenbecher dienten Bierflaschen, hinterm Tresen stand das Mannweib Lynne und schimpfte auf die städtischen Spaßverderber, »fuck them all«. Spätabends kamen nach Dienstschluss selbst die Polizisten, tranken Bier, rauchten! und drückten die Augen so lange zu, bis auch das nicht mehr ging. Lynne ignorierte alle Strafen. Nach der dritten Verwarnung kann dem Kneipenbesitzer die Lizenz für ein Jahr entzogen werden, und auch das interessierte Lynne von der »Electric Banana« kein bisschen. Sie nannte es »ziviler Ungehorsam«. Aber irgendwann, nach viel Rauch und wenig Reue, machten sie einfach den Laden zu. Das war ein trauriger Tag für die Raucher von New York City. Schließlich, Bier und Zigaretten sind zweieiige Zwillinge, wenn nicht gar siamesische.

Gelegentlich stehen wir nun vor »Jimmy's Corner«, unserem Boxer-Schuppen nicht weit vom Times Square, und trauern den alten Zeiten nach und Lynne natürlich, die einfach verschwand auf Nimmerwiedersehen. Wenn wir dort rauchen vor der Tür, kommt das Thema oft auf Europa und Deutschland. Saj, mein Journalistenfreund indischer Abstammung, fragt: »Wie haltet ihr es mit dem Rauchverbot?« Und ich antworte – das war lange vor dem teutonischen Qualm-Verdikt – einigermaßen stolz auf dieses kleine, störrische Land: »Nie!« Alles freizügiger dort, liberaler, unverklemmter. Entblößte Nippel stören dort keinen, ganz im Gegenteil, und die Leute rauchen überall. Dann nicken alle voller Anerkennung, vor allem aber wegen der Nippel. Entblößte Nippel sind in Amerika nämlich noch geächteter als Raucher.

Irgendwann werden sie auch das Rauchen auf der Straße reglementieren. Nun regeln Regeln überall in der zivilisierten Welt das zivilisierte Miteinander. Nur gibt es in Amerika offenkundig viel mehr zu regeln als anderswo. In New York schwärmen abends Sondereinheiten der Polizei aus, um in den Kneipen zu kontrollieren, ob das »Cabaret law« auch eingehalten wird. Das ist ein Gesetz noch aus Zeiten der Prohibition und besagt, dass man nur dort tanzen darf, wo die Wirte auch eine Lizenz zum Tanzen besitzen. Und falls sich, ohne Lizenz, zwei Menschen halbwegs synchron zur Musik aus der Juke-Box bewegen, ist das glatter Gesetzesbruch, und der Kneipier haftet für seine Tänzer.

Überhaupt kann körperliche Annäherung oder die bloße Erwähnung bestimmter Körperteile heillosen Ärger zur Folge haben. Susan Patrons preisgekröntes Kinderbuch »The Higher Power of Lucky« musste vor zwei Jahren aus Tausenden von Schulbüchereien verschwinden, weil in ihm das Gemächt eines Hundes am Rande erwähnt wird.

Solche Zensur empörte die ältere Tochter des Hauses zutiefst, »So what? Die Eier eines Hundes?«. Sie nahmen in der Schule gerade das amerikanische Rechtssystem durch, und darin vertiefte sie sich ausgiebig und beglückte uns beim Abendessen fortan mit schönen und zeitlosen Preziosen und Sottisen der US-Justiz.

»Wisst ihr, dass Mickey Mouse in Texas nicht für ein öffentliches Amt kandidieren darf?« Wussten wir nicht.

»Wisst ihr, dass man in Alaska kein Bier oder Schnaps an Elche verkaufen darf?« Wussten wir nicht.

»Wisst ihr, dass Frösche in Memphis für nächtliches Quaken verhaftet werden können?« Wussten wir nicht.

»Wisst ihr, dass es in Alabama unter Todesstrafe steht, wenn man Salz auf Bahngleise schüttet?« Wussten wir nicht.

Dies waren allesamt für unser weiteres Leben überaus nützliche Hinweise. Wir lernten dank der gesetzessicheren Tochter viel über Land und Leute. Sie kaufte sich Bücher zu diesem Thema und versorgte uns vorzugsweise auf langen Autofahrten mit unverzichtbaren Weisheiten. Wir lernten, dass Politiker in Preston, Idaho, keine Zwiebeln essen dürfen, wenn sie danach zu potentiellen Wählern reden. Wir lernten, dass sich Sekretärinnen in Pasadena nicht allein mit ihrem Boss in einem Raum aufhalten dürfen, und vermuteten, dass dies ein Gesetz aus der Nach-Clinton-Ära sein muss. Wir lernten, dass man in Omaha,

Nebraska, nicht in der Kirche rülpsen darf. Wir lernten, dass in New York blinde Männer nicht Auto fahren dürfen, wissen aber bis heute nicht, ob das auch für blinde Frauen gilt. Wir lernten, dass man auf der Third Avenue in Manhattan nicht auf Kaninchen schießen, sehr wohl aber im Binnenstaat Tennessee aus dem fahrenden Auto Wale erlegen darf.

Die ältere Tochter hat darüber hinaus die famose Gabe, solche Verbote und Gesetze nie mehr zu vergessen. Einmal durchquerten wir auf einer sommerlichen Reise den schönen Bundesstaat New Mexico und besichtigten, warum auch immer, das Senatsgebäude in Santa Fe. Und prompt hatte sie wieder eine Eingebung. »Wisst ihr, dass in der Verfassung von New Mexico steht, dass Idioten hier nicht wählen dürfen? Artikel sieben, Ehrenwort.« Wussten wir nicht. Es ist bei näherer Betrachtung vielleicht das sinnvollste Gesetz im Land. Wir wünschten uns noch auf den Treppen des Senatsgebäudes dieses fabelhafte Gesetz nicht nur für New Mexico, sondern Idioten-Wahlverbot für ganz Amerika. Es hätte dieser wundervollen Nation und der ganzen Welt gleich zweimal viel Kummer erspart.

»Danke und bis bald«
Gäste, Grünkohl und blaue Pillen

Wir haben viel Besuch. Viel Besuch ist gar kein Ausdruck. Besuch ist immer. Wir haben so viel Besuch, dass die Frau des Hauses beschloss, ein Gästebuch zu führen, um den Überblick zu behalten. Zwei Gästebücher sind inzwischen voll. Wir teilen die Gäste – inoffiziell – in die Kategorien »liebe Freunde«, »Freunde«, »enge Familie«, »Verwandte«, »gute Bekannte«, »Bekannte«, »flüchtige Bekannte« und hernach in die vier Unter-Kategorien »ganz easy«, »easy«, »okay« und »anstrengend« ein, die sich dann noch einmal gabeln in die vier Unter-Unter-Kategorien: »Dürfen gerne wieder kommen«, »Dürfen wieder kommen«, »Dürfen in Notfällen wieder kommen« und »Bloß nie wieder«.

Grundsätzlich ist gegen Besuch aus Deutschland nichts einzuwenden, »Bloß nie wieder« passiert eher nie. Es ist nur so, dass sich irgendwann der Reiz verliert, dem lieben Besucher aus Deutschland zu erklären, wie und wo er in New York Broadway-Tickets kauft, wie die U-Bahn funktioniert, was ein Express-Zug ist, wie man auf das Empire State Building und das Rockefeller Center gelangt und wie man in Restaurants die korrekte Summe Trinkgeld errechnet, »double the tax«. Diesen Teil des Vortrags könnten wir uns eigentlich sparen, weil wir meistens zahlen im Restaurant. Der Vortrag für New Yorker Erstbesucher beinhaltet auch einen kleinen Exkurs für den Fall, dass sich der Besuch in Manhattan verirren sollte. Die Frau fasst das unnachahmlich schön zusammen: »Amerikaner sind im Gegensatz zu Deutschen ungeheuer freundliche und hilfsbereite Menschen. Solltet ihr euch verlaufen, stellt euch an eine Straßenecke, blättert in einem Stadtführer, macht ein ratloses Gesicht und zählt bis zehn. Spätestens bei fünf steht ein freundlicher New Yorker neben euch und bietet Hilfe an.«

Manchmal spielen wir das Kinderspiel »Schere, Stein, Papier«, und der Verlierer muss dann den Einführungsvortrag für New-York-Neulinge halten. Meistens verliert der Mann des Hauses, weil er »Schere, Stein, Papier« schon als Kind nicht besonders gut konnte und regelmäßig verlor, wenn wir beim Fußball darum spielten, wer Anstoß hat. Die ältere Tochter regte sogar an, wir sollten einfach Kassetten besprechen wie jene, die sie in New York in Museen verteilen. Sie sagte, damit könne man sogar ein Geschäft machen, »wir bieten das auf Englisch und Deutsch an, und Tante Rieke lebt doch in Frankreich und könnte den französischen Teil übernehmen.«

Wir verwarfen diese Idee, aber schlecht war sie nicht.

Zuweilen wohnten bis zu zehn Gäste gleichzeitig in unserem Potemkinschen Haus, vier Erwachsene und sechs Kinder, unsere nicht eingerechnet. Nichts gegen Kinder. Alle sollten welche haben. Es ist nur so, dass vier Erwachsene und sechs Kinder, davon drei Kleinkinder, nach einem langen Arbeitstag im Büro die Chancen auf Erholung erheblich reduzieren.

Unsere amerikanischen Freunde fragen uns gelegentlich, wie wir das durchstehen mit den vielen Menschen bei uns im Haus, wenn wieder mal ein Leihwagen neben unserer Garagenhütte steht, und Nachbar David konstatierte: »Ihr habt kein Haus, ihr habt ein Hotel.« Der einzige Unterschied ist, dass wir keine Zimmerschlüssel haben, aber dafür Vollpension, freie Minibar und sogar Taxi-Service.

Unser allererster Gast, im folgenden P. genannt, kam am 9. September 2001. Wir schliefen noch auf Matratzen, wir hatten einen Tisch und vier Stühle, aber schon einen Grill, weil ein Grill in Amerika genau so wichtig ist wie ein Auto oder ein Fernseher. Ohne Grill, ohne richtig großen Grill, bist du ein Nichts in Amerika. Wir kauften einen richtig großen Grill, und das war eine kluge Entscheidung. Also grillten wir, saßen auf Holzstufen und aßen Wurst von Papptellern und fütterten mit Brotresten die niedlichen Streifenhörnchen, bis die Nachbarskatze »Bad Cat« zum Dinner erschien und ein Streifenhörnchen verzehrte.

Der Besucher zählte zur Kategorie »lieber Freund«, er pumpte seine Matratze auf, holte morgens sogar Bagels, eine Art geschmacksfreies Brötchen mit Loch in der Mitte, und machte sich anderntags wieder auf den Weg nach Deutschland. Als er in London zwischenlandete, sah er auf CNN, dass in Downtown die Türme gefallen waren. Er hatte ins Gästebuch »Hier bin ich – der erste Gast in diesem gemütlichen Haus.

TIL
ENTSCHULDIGUNG, DARF ICH SIE MAL WAS FRAGEN, ODER SOLL ICH MICH ERST MAL SELBER FICKEN?
NEW YORK CITY
33

Danke für das herzliche Willkommen, die Würstchen und das Bier. Ihr werdet in der Zukunft noch viel mehr von mir sehen« geschrieben.

Ähnliches kritzelten viele in unser Gästebuch, aber niemand erfüllte die Wiedersehens-Zeilen auch nur annähernd so authentisch wie P.

Sechs Wochen später war P. wieder da, diesmal mit einem Kollegen, sie hatten geschäftlich in New Jersey zu tun. Die Trümmer auf Ground Zero rauchten noch. Er schrieb ins Gästebuch: »Hier bin ich wieder, und – wow! – das Haus hat sich ziemlich verändert. Jetzt stehen Möbel drin. Danke für das herzliche Willkommen, die Würstchen und das Bier. Sehe euch bald wieder!«

Sechs Wochen später war P. wieder da, diesmal ohne Kollegen, er schrieb ins Gästebuch: »Back in the Land of the Strecks. Truthahn-Zeit! Was kann sich ein Reisender mehr wünschen? Nette Leute, gutes Essen, Gallonen von Wein. Bis bald.« Nach seinem nächsten Besuch schrieb P.: »Bin ich jetzt qualifiziert genug für euer Frequent-Visitor-Programm, und kann ich Bonuspunkte sammeln?«

Viel Besuch hat den unschätzbaren Vorteil, dass man die örtlichen lokalen Schnaps- und Weinläden, die Liquor-Stores, sehr gut kennenlernt. Wir haben uns angewöhnt, drei verschiedene Liquor-Stores anzufahren, weil es der Frau peinlich ist, permanent in einem Laden kistenweise Wein einzukaufen, »was sollen die denken?«. Die Betreiber der drei Liquor-Stores lieben uns. Todd von der »Liquor Pantry« fragte die Frau einmal: »Habt ihr ein Hotel oder ein Restaurant?«, und sie antwortete wahrheitsgemäß: »Nein, wir haben nur sehr viel trinkfesten Besuch aus Europa.«

Todd liebt seitdem die Europäer. Er wünschte sich mehr Europäer in der Gegend, am liebsten nur Europäer, denn wir sind gut fürs Geschäft, »ihr trinkt einfach mehr als Amerikaner«. Todd allein hat ein Vermögen an uns verdient, und wenn wir uns mal einige Wochen nicht in seinem Laden blicken lassen, weil wir entweder im Urlaub waren oder aus Peinlichkeitsgründen die beiden anderen Spirituosen-Geschäfte aufsuchten, macht er sich ernsthaft Sorgen, »good to see you again!«, um uns und natürlich um sein Geschäft. Es ist schön, vermisst zu werden. Selbst von Todd und aus naheliegenden Gründen. In den anderen beiden Wein- und Schnapsläden wird eine mehrwöchige Abwesenheit gleichfalls mit aufrichtigem Kummer registriert, »good to see you again!«, als hinge das Wohl und Wehe der hiesigen Schnaps- und Weinindustrie einzig und allein von uns und unseren Gästen ab. Vielleicht ist das auch so. Mit Gewissheit aber können wir behaupten, Deutschlands Bild in Amerika selbst in Zeiten tiefer politischer Zerwürfnisse nach Kräften und unter todesmutigem Einsatz unserer Lebern verteidigt zu haben.

Man muss unseren lieben Gästen zugestehen, dass sie sich durch nichts abschrecken ließen. Durch nichts und niemanden. Nicht durch den 11. September, nicht durch die grassierende Terror-Angst, nicht durch die Milzbrand-Erreger-Hysterie, nicht durch Bin Laden und nicht mal durch George W. Bush. Sie kamen im Oktober, sie kamen im November, sie kamen im Dezember, im Januar, Februar. Sie kamen immer, im Winter, Frühjahr, oft im Sommer und noch mehr im Herbst, Indian Summer! Sie kamen bei Wind und Wetter. Sie blieben mal eine Nacht, mal Tage, mal eine Woche, mal drei Wochen. Einer, Kategorie »lieber Freund«, zwei Kleinkinder, verewigte sich im Gästebuch mit: »Eure Gastgeber-Qualitäten finde ich echt bemerkenswert, zumal wir und die Kinder gelegentlich zu Extrem-Terror neigen ... Danke und bis bald!«

Zum Abschluss zeigt die Frau den Besuchern den Keller, mit dem Stützpfeiler-Wald und dem Kabelsalat-Dressing, und dann schlagen die Gäste die Hände über dem Kopf zusammen, »Oh, mein Gott«, und wundern sich, dass sie überlebt haben in der Villa Kunterbunt, aber bis zum nächsten Besuch haben die meisten den Keller-Schock wieder vergessen.

Irgendwann, nach einem Jahr, begannen die Töchter des Hauses zögerlich zu nörgeln, weil viel Besuch natürlich zur Folge hat, dass man enger zusammenrücken oder bei sehr viel Besuch das Kinderzimmer opfern muss. »Stellt euch nicht so an«, sagte ich dann, und die jüngere Tochter reagierte darauf unwirsch: »Ich dachte, die Zeit der Matratzen sei vorüber«, was per se stimmte, aber eben nur für die besucherfreie Zeit, also selten. Ein untrügliches Zeichen, dass lieber Besuch die Toleranzschwelle der an sich sehr toleranten Töchter tangiert, ist die Frage: »Wann fahren die wieder?« Es konnte aber auch vorkommen, dass die Töchter des Hauses diese Frage sogar stellten, ehe der liebe Besuch aus Deutschland überhaupt gelandet war, Unter-Kategorie »anstrengend«, Unter-Unter-Kategorie »Dürfen nur in Notfällen wieder kommen.«

Und es konnte vorkommen, dass sich der Mann

Dienstreisen schon mal so legte, dass er lieben Besuch aus Deutschland um – Pech aber auch – Haaresbreite verpasste, sich mithin der unvermeidlichen Niederlage beim »Schere, Stein, Papier«-Einführungsvortrags-Entscheidungsspiel und dem unweigerlich x-ten Besuch des Empire State Buildings entzog. Das war natürlich ein durchschaubares Manöver, und ich hatte auch kurzzeitig ein schlechtes Gewissen, aber nur kurzzeitig, weil der Beruf, nicht wahr, immer Vorrang hat, und das konnte der liebe Besuch aus Deutschland im Gegensatz zur Frau des Hauses, »du machst dich feige aus dem Staub«, absolut nachvollziehen. Absolut.

Einmal entging man auf diese Art Besuch der Kategorie »Flüchtige Bekannte«, Unter-Kategorie »anstrengend«, Unter-Unter-Kategorie »bloß nie wieder«. Es war ein junges Pärchen, und der Mann – obschon zuvor nur einmal in den USA – wusste mehr über Amerika als die Frau und die Töchter des Hauses zusammen. Abends rief ich aus Kalifornien zu vorgerückter Stunde an und erkannte am erschöpften Tonfall der Frau, dass sie einen Tag der Kategorie »anstrengend« hinter sich und weitere Tage der Kategorie »anstrengend« vor sich hatte. Der Pärchen-Mann hatte ein Referat gehalten über den Amerikaner an sich und den New Yorker im Besonderen. Er wusste nach zwei Tagen über den Amerikaner an sich zu berichten, dass der unkultiviert und unbelesen sei. Und über den New Yorker an sich, dass er rüde und rücksichtslos sei. Was Frau und Töchter überraschte, weil seine Englisch-Kenntnisse von rudimentärer Kargheit waren. Sie hatten sich in Manhattan verlaufen, aber statt an einer Straßenecke – wie empfohlen – ein ratloses Gesicht zu ziehen und bis zehn zu zählen, machte er ein teutonisch-befugtes Gesicht, was selbst die freundlichsten New Yorker abschreckte. Die Töchter des Hauses nannten ihn hinter seinem Rücken einen »bloody nincompoop«, was so viel wie »ziemlicher Vollidiot« bedeutet. Zum Abschluss schrieb er zackig ins Gästebuch »Noch nie habe ich in einem fremden Haus so gut gegessen, getrunken und geschlafen. Und ich betone: Noch nie!«

Aber »Bloß nie wieder« war nur einmal.

Wir können überhaupt von Glück reden, dass unsere Verwandtschaft auch unter dem Rubrum »liebe Freunde« laufen könnte, selbst wenn die Schwester des Mannes während ihres zweiwöchigen Urlaubs bei uns unentwegt mahnte: »Hör endlich auf zu rauchen, und außerdem solltest du mal eine Darmspiegelung machen lassen«. Sie sprach in den zwei Wochen verhältnismäßig oft und überaus kenntnis- und detailreich von dieser offenbar unabdingbaren medizinischen Prozedur, aber glücklicherweise immer erst nach dem Essen. Sie ist eine liebe Schwester.

Prinzipiell ist lieber Besuch aus Deutschland immer oder wenigstens meistens willkommen. Zumal die Gäste Dinge ins Land schmuggeln, die es in Amerika nicht gibt. Eine liebe Freundin, Unterkategorie »ganz easy« und im Folgenden B. genannt, besucht uns immer zur Thanksgiving-Zeit und brachte vor Jahren mehrere Dosen Grünkohl und acht Rollen dreilagiges Klopapier mit. Dreilagiges Toilettenpapier, zumal mit Fußball-Motiven bedruckt, ist schon in Deutschland eine Rarität. In Amerika ist dreilagiges Klopapier so selten wie eine unfallfreie Rede von George W. Bush. Und Grünkohl gehört neben deutschem Backwerk, Graubrot insbesondere, zu jenen Delikatessen, die man als Expatriot am dringendsten vermisst, weil amerikanisches Brot in etwa die Konsistenz von amerikanischem Toilettenpapier besitzt.

Wir waren sehr gerührt. Grünkohl und Klopapier, in dieser Reihenfolge, was für eine Kombination. Die liebe Freundin B. gab auf dem Einreiseformular unter der Rubrik »Adresse in den USA« einmal »The Streck Astoria-Hotel« an, was der zuständige Beamte gar nicht komisch fand und den Einreiseprozess beträchtlich verzögerte.

Wir fuhren nach Hause, aßen Grünkohl und tranken. B. hatte sich angewöhnt, ihren Aggregatzustand nach der Anzahl von blauen Wunderpillen zu bemessen, welche die Frau des Hauses nach ausgiebigem Alkoholkonsum gerne kredenzt. Die blauen Pillen sind ein prophylaktisches Kopfschmerzmittel gegen Kater. Eine blaue Pille ist in etwa das Äquivalent für eine Flasche Wein. Pro Person. B. verlangte oft zwei blaue Pillen vor der Nachtruhe morgens um drei. Wie im Übrigen erstaunlich viele Besucher in ihren Gästebuch-Einträgen auf diese Hangover-Arznei rekurrierten. Sie nannten sie wahlweise »Wunderdroge« oder »Drachentöter« oder schlicht »Lebensretter«, und manchmal fragten wir uns, ob wir alles richtig gemacht haben mit unserem Besuch, aber dann trafen wir Todd von der »Liquor Pantry«, und er freute sich aufrichtig und erkundigte sich nach dem Wohlbefinden der Gäste, und also begann der Zyklus von Wein und blauen Pillen von Neuem. Denn Besuch ist immer, und die Töchter rücken längst protestlos zusammen oder opfern ihre Zimmer oder ziehen zu Schulfreunden.

Wir waren mit unserem lieben Besuch wenigstens 20-mal auf dem Empire State Building und dem Rockefeller Center, 50-mal an Ground Zero und ebenso oft im Central Park. Wir schipperten mit dem lieben Besuch mit der Fähre nach Staten Island und zurück, weil von dort der Blick auf die Skyline unvergleichlich ist und es außerdem nichts kostet, was den Besuch meist besonders freut. Wir gingen mit kinderreichen Gästen in den Bronx Zoo oder zum Baseball. Wir hörten Gospel in Harlem und karriolten sie nach Queens auf die Roosevelt Avenue, die bunteste Straße der Welt, an deren Rändern Menschen aus 90 Nationen leben. Abends grillten wir, falls keine unerwartete Dienstreise dazwischenkam, oder die Frau kochte groß. Zuweilen nahmen wir den lieben Besuch aus Deutschland auch mit in die Liquor-Stores und stellten ihn Todd vor, »good to see you again«, der von den teutonischen Stahl-Lebern sehr angetan war, »hope to see you again!«

Todd war vor allem angetan von P., der nach seinem sechsten Besuch ins Gästebuch schrieb: »Wow, ich habe nachgeblättert. Es ist schon lange her, dass ich in eurem Haus war«, sechs Monate, und damit schloss: »Ich bin schon bald wieder da. In circa fünf Wochen mit der ganzen Familie!«

Nach fünf Wochen kamen P. und Familie, drei Kinder, alle Kategorie »Liebe Freunde«. Wir verlebten eine dolle Zeit. Die Töchter campierten auf Matratzen, wir grillten jeden Abend und fütterten Streifenhörnchen, solange bis »Bad Cat« kam, nach dem wir die

Uhr stellen konnten. Der Fernseher im Wohnzimmer lief auf Stadionlautstärke, Türen gingen zu Bruch, Tränen flossen. Wir fuhren in den Bronx Zoo und mit der Staten Island Ferry und aufs Empire State Building. Die Frau kaufte in der Zwischenzeit Wein und Bier und Würstchen, und nach drei Tagen musste der Mann des Hauses völlig unerwartet auf eine definitiv unverschiebbare Dienstreise. P. schrieb auf die letzte Seite des Gästebuches: »Erster und letzter Eintrag in diesem Buch. Ist das nicht was? See you soon!«

Zurück in die Zukunft
Müll, Mafia und mein Freund Al

Die Frau und der Mann verstehen sich prächtig, wenn nicht gerade Fußball-Welt- oder -Europameisterschaften laufen und England gegen Deutschland spielt. Aber diese Turniere sind nur alle zwei Jahre, und in der restlichen Zeit verläuft das eheliche Miteinander weitgehend störungsfrei, wenn nicht gerade zu viel Besuch ist und ich mir Dienstreisen so lege, um der Gästeflut zu entfliehen. Ansonsten aber: weitgehend störungsfrei.

Der erste Großeinkauf in einem amerikanischen Supermarkt des Namens »Stop and Shop« allerdings mündete gleich in eine Krise. Ich legte mich mit dem Kassierer an, der jedes Glas Senf und jede Dose Cola einzeln in einer Plastiktüte verstaute. Den Einkaufswagen, und es war ein großer Einkaufswagen, denn in Amerika sind Einkaufswagen so groß wie deutsche Kleinwagen, den Einkaufswagen konnte man vor lauter Plastiktüten kaum noch sehen. Es gab einen kurzen und heftigen Vortrag meinerseits über Umwelt, Kunststoff und Energieverbrauch. Und seinerseits verständnislose Blicke. Die Frau schaute peinlich berührt auf den Boden, die Töchter verstanden noch kein Englisch, schauten aber aus Solidarität mit ihrer Mutter auch peinlich berührt auf den Boden. Der Kassierer und Tütenpacker in Personalunion hatte einen solchen Vortrag vermutlich noch nie gehört, ich hatte einen solchen Vortrag ja auch noch nie gehalten. Er schaute verstört, und die Frau brach schließlich das Eis: »Beachten Sie ihn nicht weiter. Er ist neu hier.« Und also ließ er sich nicht weiter aufhalten und verstaute weiterhin jedes Glas und jede Gurke in einer dünnen Plastiktüte.

Zu Hause, nachdem wir eine knappe Million Einkaufstüten in die Küche geschleppt hatten, ging der Disput in die Verlängerung. Ich referierte über das Kyoto-Protokoll, Konsum, Verpackung, Plastik und Öl. Ich war ein bisschen stolz auf diesen Exkurs, aber die Frau des Hauses sprach: »Gewöhn dich dran, wir sind Gast in diesem Land.«

Das war am zweiten Tag unserer Zeit hier in Amerika. Und ich habe mich daran gewöhnen müssen. Manchmal nerve ich die Frau und Töchter immer noch mit ehrgeizigen und gleichermaßen nutzlosen Vorträgen – »wisst ihr eigentlich, dass Amerika fünf Prozent der Weltbevölkerung stellt, aber achtundzwanzig Prozent aller Emissionen verursacht? Oder wisst ihr, dass man 240 Bäume braucht, um den Kohlendioxid-Ausstoß nur eines Autos wettzumachen? Oder wisst ihr, dass in Amerika hundert Milliarden Plastiktüten pro Jahr verbraucht werden und man für ihre Herstellung zwölf Millionen Barrel Öl benötigt?«

Die Frau sagt in solchen Fällen: »Du klingst wie der späte Trittin«, was stimmen und daran liegen mag, dass ich seit unserem ersten Tag in Amerika eine gewisse Anti-Plastiktüten-Obsession entwickelt und diese Rede womöglich schon überstrapaziert habe. Nun hat Amerika seit unserer Ankunft sein grünes Bewusstsein entdeckt. Zeitungen und Fernsehen berichten ausführlich über Global Warming, Al Gore bekam erst den Oscar und dann den Nobelpreis, und die Goreschen Ausläufer sind bis in unseren Supermarkt fühlbar, wo man neuerdings auf ausdrückliche Nachfrage jetzt auch Papiertüten oder Jute-Taschen kriegt. Mit großem Eifer holt das Land nach, was in Europa längst gang und gäbe ist. Das ist insbesondere prima für die Töchter des Hauses, die gewissermaßen die Sozialisation ihrer Eltern nachleben dürfen. Immer wieder gern lassen sie sich von der Frau erzählen, wie der Mann bei ihrer allerersten Begegnung aussah: »Papa hatte eine lila Latzhose an und trug einen Lenin-Sticker.« Latzhosen sind gerade wieder mächtig in in Amerika, Lenin-Sticker nicht so. Grün ist auch in, grün ist hip. Die ältere Tochter ist schon sehr, sehr umweltbewusst und trägt aus organisch angepflanzter Baumwolle hergestellte T-Shirts mit dem Aufdruck: »Rettet die Bäume. Putzt eure Hintern mit Eulen!«

Das ist gewiss ein erster Schritt, doch der Weg ist noch weit.

In Deutschland trennten wir Müll mit heiligem Ernst und politisch korrekt, und auch in Amerika wollten wir Müll mit heiligem Ernst und politisch korrekt trennen. Die Zeitungen in die blauen Container, die Flaschen in den grünen Container, die Blätter, nun ja, einfach in den Garten. So hielten wir das. Jeden Mittwochabend schleppten wir die Zeitungen und die Flaschen-Container brav an die Straße, und morgens

Die Auswirkungen des Klimawandels werden
auch in Connecticut immer katastrophaler.

waren die Container leer, und zuweilen sagte die Frau: »Siehst du, die Amerikaner sind doch viel besser als ihr Ruf.«

Dann, eines Tages, lernten wir Joey kennen. Joey ist unser lokaler Müllmann, er kommt zweimal die Woche mit einem kleinen, grünen Lastwagen. Er ist eine Seele von Mensch. Joey hatte die politisch korrekten Bemühungen der zugezogenen Europäer eine Zeit lang wohlwollend betrachtet, aber irgendwann nahm er die Frau beiseite und sprach: »Ihr müsst das nicht machen. Es kommt sowieso alles auf einen Haufen.« Sodann klärte Joey auf, dass die Müll-Entsorgung in unserer kleinen Stadt fest in der Hand der Mafia sei und jeder in unserer kleinen Stadt wisse, dass die Zeitungs- und Flaschenabholer zur Familie Finocchio gehörten, Schlimmfinger der übelsten Sorte, die sich, wie Joey ausführte, um politisch korrekte Mülltrennung einen Dreck scheren, sehr wohl aber um die Tantiemen unserer kleinen Stadt. Jeder wisse das, sagte Joey, jeder, bis auf uns, die Europäer. Er murmelte: »Ich sag's euch, alles wird zusammengekippt«, und er sagte das in höchst konspirativem Tonfall, als fürchte er unmittelbare Vendetta seitens der Finocchios. Joey bot an, gegen ein kleines Trinkgeld künftig auch unsere Flaschen und unsere Zeitungen zu entsorgen. Aber wir verzichteten auf Joeys großzügige Offerte, weil wir es uns mit den Brüdern Finocchio nicht verderben wollten. Bis heute wissen wir nicht, ob Joey einer anderen Familie der Müll-Mafia unserer kleinen Stadt angehört, fragten aber unseren lieben Nachbarn David sicherheitshalber, ob er jemals von der örtlichen Abfall-Cosa Nostra gehört habe, und er lachte – »die Finocchios? Stadtbekannt. Weiß jedes Kind.«

David ist ein doller Nachbar, eine Seele von Mensch wie Joey. Er ist aufgeschlossen und liberal. David reist beruflich oft nach Europa und freut sich speziell auf jeden Trip nach Deutschland, weil er auf teutonischen Autobahnen die Sau rauslassen kann oder wenigstens den Tiger aus dem Tank. David ist ein Autofreak, und also drehen sich unsere Konversationen oft um Autos – obwohl ich von Autos so gut wie nichts verstehe – und danach um das Thema Nummer eins in Amerika. Leider nicht Sex, sondern Sprit.

Also der fürs Auto.

Es ist schön, dass Sprit überhaupt Thema wurde in diesem Land, denn Benzin war sonst nie Thema, weil stets da in Hülle und Fülle. Aber dann kamen die Stürme und verwüsteten New Orleans und die Golfküstenregion und dort eben auch die großen Raffinerien. Weshalb die Preise für Öl stiegen und damit auch die für Benzin.

Seitdem ist es Thema in Amerika. Und nach den Stürmen kam Al Gore und erzählte ein paar unbequeme Wahrheiten, und nun ist das Thema nicht nur ein ökonomisches, sondern auch ökologisches. Die Debatten über Öl- und Spritpreise sind seit Gore gesellschaftlich legitimiert. Jetzt klagen die Linken wie die Rechten, die Alten wie die Jungen, die Frauen wie die Männer, weil eine Gallone Treibstoff mehr als vier Dollar kostet. Eine Gallone entspricht knapp vier Litern, und Deutsche würden bei diesen Preisen in die Luft gehen vor Freude. Amerikaner gehen in die Luft vor Wut.

David klagte auch. Er hatte sich einen Wagen der Marke GMC gekauft, ein »Sports Utility Vehicle« oder kurz SUV, und die größten von ihnen erinnern an kleinere Eigenheime in Deutschland. Die hervorstechendste Eigenschaft der rollenden Eigenheime ist, dass sie Benzin nicht verbrauchen, sondern vernichten. An einem Samstagmorgen, während unserer wöchentlichen Konversation über Autos, wollte David wissen, wie uns dieses Gefährt gefalle, und da Europäer von Haus aus nicht ganz so freundlich sind wie Amerikaner, platzte die Frau des Hauses mit der Wahrheit heraus: »Es sieht aus wie ein Panzer, es gehört in den Irak, und es schluckt garantiert so viel Energie, dass wir damit unser Haus im Winter heizen könnten.«

Da schluckte David, und der transatlantische Friede schien kurzzeitig in Gefahr, aber David blieb ruhig und sagte nur: »Hm.« Leiser Zweifel schwang in diesem »Hm«. Zweifel sind hier nämlich auch mächtig in.

Es ist eine kleine Sensation, dass der ansonsten chronisch zweifel-resistente Präsident erstmals öffentlich zweifelte, worauf sich das Klatschblatt »National Enquirer« zu Recht sorgte, ob Bush wieder saufe. »Wir sollten«, sagte der oberste aller Amerikaner, »wir sollten alle darüber nachdenken, Benzin zu sparen.« Er regte sogar Fahrgemeinschaften an und erzählte seinem Volk, man solle nur dann Auto fahren, wenn's auch nötig ist. Dies war – obschon auf immer noch bescheidenem Niveau – Bushs beste Rede seiner Amtszeit.

Der letzte Präsident, der Ähnliches vorgeschlagen hatte, war Jimmy Carter. Das war vor fast 30 Jahren während der Ölkrise, und Carter trug bei seiner Rede an die Nation eine graue Strickjacke, die seinen Gemütszustand widerspiegelte. Die Rede kam gar nicht gut an, die Strickjacke wurde Legende. Ein paar Monate später pflanzte Carter wieder Erdnüsse in Georgia.

Vielleicht brauchte es die Stürme und Al Gore, um einen Klimawandel herbeizuführen. Und um beispielsweise zu kapieren, dass kleine Autos selbst in Amerika oho sein können. Und zwar sehr oho, wie der Mann erfuhr. An einem Sommertag bestieg ich einmal den Kleinwagen Smart und begab mich schnurstracks in die Straßenverkehrshölle von New York City. Es war eine gefährliche Mission, weil der Smart, in den USA noch nicht auf dem Markt, gleich an der ersten Ampel auf dem West Side Highway einen Rückstau verursachte: Gaffer. Ein SUV-Fahrer beugte sich aus dem Fenster und rief: »Ist das Ding legal?« Der Smart hätte bequem in seinem Kofferraum parken können.

Am Central Park löste das Gefährt einen weiteren Menschenauflauf aus. Es wurde gestreichelt, begrapscht, fast liebkost. Eine ältere Dame fragte, ob man damit auch auf den Golfplatz dürfe und wo der Elektro-Motor sei. Die Leute, »Gott, ist der niedlich!!«, steckten ihre Hälse in den Innenraum, und wenn sie erfuhren, dass dies kein Golf-Wägelchen ist, sondern ein Mercedes, der um die fünf Liter auf 100 Kilometer verbraucht, konnten sie's kaum fassen und stammelten nur noch was von »German engineering«. Fotoapparate wurden gezückt. Die New Yorker drehten sprichwörtlich am Rad. Einer bot Geld für eine Probefahrt, und eine Brünette zirpte: »Sei ehrlich, fährst du den, um Weiber abzuschleppen?«

So was erlebte ich im Smart in New York.

Was allerdings auch nicht sehr verwundert, weil es dort gerade ungeheuer angesagt ist, grün zu essen, zu trinken, zu denken, zu wohnen, zu tragen. Es ist nämlich auch nicht so, als hätte New York über Nacht oder erst durch Herrn Gore seine ökologische Seite entdeckt. Dies ist die Stadt, die die Freiheitsstatue nächtens mit Kilowatt-Stunden aus Windenergie bestrahlen lässt. Dies ist die Stadt, die der Bürgermeister Michael Bloomberg in die »umweltverträglichste Metropole des 21. Jahrhunderts« verwandeln will. Gelegentlich sind die Amerikaner sogar grüner als die Europäer, vor allem dann, wenn es sich um bräunliche Hinterlassenschaften ihrer Hunde auf Bürgersteigen handelt, die sie mit Handschuhen und Schüppchen sofort auflesen und in einem eigens dafür konzipierten Beutelchen aufbewahren. Und immerhin wird in den Vereinigten Staaten einmal im Jahr die Anti-Tampon-Conference abgehalten, auch bekannt als »Let Blood Flow Fest«. Das ist eine Zusammenkunft gleichermaßen feministischer wie öko-bewusster Damen, die sich gegen den Gebrauch der Tampons sträuben, um den Regenwald zu schonen. Selbst die Air Force hat die Ökologie entdeckt und betankt ihre Jets mit synthetischem Treibstoff, und das wird die Taliban und Al-Quaida gewiss erfreuen.

All das fraglos Schritte in die richtige Richtung.

Einmal machte sich unsere Kleinfamilie, inspiriert durch die zunehmend grünen Töchter, auf eine Rundreise durch das neo-grüne New York. Es war wie ein Trip zurück in die 80-er, »Schwerter zu Pflugscharen«. Wir begegneten liebenswerten Utopisten, Aktivisten,

Na endlich!
Auch in Amerika wird Strom gespart.

Fundis und Realos, die von Europa schwärmten, vom grünen Geist der Alten Welt und ganz speziell von Germany. Die sich neugierig und ein wenig neidisch nach der »Green Party« erkundigten und es überhaupt nicht als lustig empfanden, immerhin von einem Bauern aus Crawford, Texas, regiert zu werden.

Wir landeten während dieser Zeitreise in Park Slope in Brooklyn, im Food-Coop, einer sozialistischen Enklave mit 12900 Mitgliedern. Wer sich einschreibt, muss zweidreiviertel Stunden im Monat in diesem selbst verwalteten Supermarkt arbeiten. Im Gegenzug dürfen die Teilzeit-Schichtdienstler zu vernünftigen Preisen erstklassige Biokost einkaufen. Sie haben einen Kindergarten dort und eine Wandtafel mit Ratschlägen, wie man sich bei seinem Kongressabgeordneten postalisch korrekt beschwert, und das fand die ältere Tochter großartig und machte sich eifrig Notizen. Die Birkenstock-Dichte war sehr hoch in diesem Food-Coop. Der Food-Coop hätte auch in Freiburg oder Tübingen sein können. Es gibt eine Art Räterat und einmal im Monat ein großes öffentliches Treffen, die Generalversammlung. Der Sozialismus lebt mitten in Brooklyn. Die Genossen berichten von frühmorgendlichen Debatten beim Kistenstapeln: über CO_2-Ausstoß, Jürgen Habermas, Fidel Castro und den weiblichen Orgasmus, »was hältst du von der G-Punkt-Debatte?«

Sie praktizieren dort direkte Demokratie. Was dazu führen kann, dass Coop-Mitglieder am Telefon auch sehr direkt angerüffelt werden, wenn sie ihre Schicht verpassen – »Wendy, das ist jetzt schon das zweite Mal.« Über solche Wiederholungstäter richtet ein Disziplinar-Anhörungskomitee, das chronische Schwänzer angemessen zu sanktionieren hat. Passiert. Aber selten. Denn die Coop-Menschen wissen: Ohne Fleiß kein Fleisch – von garantiert politisch korrekt behandelten und mithin schweineglücklichen Kühen.

So was kann man in Brooklyn erleben, wohingegen Manhattan auch ein Ort der grün angestrichenen Dekadenz ist. Denn Grün ist in Amerika auch die Farbe des Geldes. Kaufe grün und fühle dich besser. Was unsere Kleinfamilie in SoHo zu spüren bekam, wo grün mehr ist als lediglich die Modefarbe der Saison. Die Sache verhält sich nämlich so: »Die Krise der Umwelt bleibt«, erzählte uns der Modemacher Rogan Gregory, und deshalb sind seine Öko-Kreationen krisensicher. Gregory und sein Geschäftspartner Scott Hahn, beide Mitte 30, beide mit Hang zu getrimmten Bärten, betreiben von SoHo aus die Öko-Modelinie »Loomstate«, »hundert Prozent organische Baumwolle, geerntet auf hundert Prozent pestizidfreiem Boden«. Sie sind Pioniere in dieser Nische, und ihre Klamotten werden inzwischen oft kopiert oder, wie Rogans erste Natur-Jeans-Kreationen vor sechs Jahren, sogar als Kunstobjekte hinter Glas verpackt. Auf dass sie sich wenigstens dort halten und nicht nach mehrwöchigem Tragen auseinanderfallen. Das geschah zuweilen und wundert Meister Rogan heute noch. Nicht wahr, er verstand seine Baumwoll-Arbeiten nicht als schnöde Hosen, sondern als Kunst. Profanes Tragen der schönen Stücke führte eben zu Zerfall.

Heutzutage, versichern sie, kann der Kunde die Klamotten ohne akute Auflösungsgefahr tatsächlich anziehen. Geblieben ist die Botschaft, etwa auf den

Hosenschlitzen: »Nature calls« steht da. Was, in den Worten Scott Hahns, gleich dreierlei bedeuten kann: »Erstens – du musst pinkeln. Zweitens – du hilfst der Umwelt. Oder drittens – Sex.« Jedem das Seine. Hahn nannte das wahlweise »psychedelischen Ansatz« oder »Straßenkultur«.

Wir verließen das Studio der psychedelischen Modeschaffenden, die jüngere Tochter fragte, ob die beiden »leicht bekloppt seien«, und die Frau sprach »nun ja«. Die Ältere kaufte ein organisches T-Shirt mit einem vogelähnlichen Tier vorne drauf. Und schließlich, am Ende dieser Zeitreise, traf der Mann Al Gore. Die Töchter waren ziemlich aufgeregt, »weißt du eigentlich, wie berühmt der ist?«. Die jüngere regte an, ich solle zu diesem Anlass die lila Latzhose von damals tragen, aber die Frau sagte, dass sie die legendäre Hose für Kosovo-Flüchtlinge gespendet hatte. Die ältere trug zur Feier des Tages und aus Solidarität mit der Sache ihr T-Shirt »Rettet die Bäume. Putzt Eure Hintern mit Eulen ab«. Al Gore hatte gerade sein Buch und den Film »Unbequeme Wahrheiten« herausgebracht. Er saß in einem Hotelzimmer in Manhattan und erzählte, dass – falls der Mensch so weitermache – dieses Hotel in 50 Jahren unter Wasser stünde. Er erzählte, dass auch Florida untergehen würde, und von Untergängen in Florida versteht Al Gore ja was. Er erzählte lauter schreckliche Dinge; er erzählte, was er in seinem Buch und seinem Film schon erzählt hatte. Und irgendwann sagte er: »Aber wem erzähle ich das? Ihr habt ja in Deutschland die Grünen.«

Eben.

Ich war kurzzeitig versucht, Al Gore von unserem

Basis-Problem daheim zu berichten. Von der gescheiterten Mülltrennung, von der Abfall-Mafia der Brüder Finocchio, und am liebsten hätte ich ihn nach meinem Plastiktüten-Problem befragt. Aber Al Gore war in Eile. Er stieg in eine Limousine, eilte zum Flughafen und flog ans andere Ende des Landes. Dort erzählte er Menschen, die in SUVs zu seiner Lesung fuhren, lauter unbequeme Wahrheiten. Die Menschen kauften sein Buch, verstauten es in Plastiktüten und fuhren glücklich heim.

Über sieben Brücken musst du gehen
Krankheiten und Arztbesuche

Wir hatten im kleinen Familienkreis beschlossen, nicht krank zu werden in Amerika. Vor allem aus Kostengründen, aber auch grundsätzlich. Krankheiten machen schon in Deutschland keinen Spaß, aber in Amerika erst recht nicht. Außerdem hatten wir uns alle in Deutschland noch mal durchchecken lassen, dental, mental, hausärztlich und sogar hautärztlich. Dem Mann wurde bei dieser Gelegenheit am Kinn eine Talgdrüse entfernt, die, wie man lernte, im Fachjargon als »Grützbeutel« bezeichnet wird, was die Töchter schon damals urkomisch fanden. Die Grützbeutel-entfernende Ärztin sagte: »Damit müssten Sie jetzt Ruhe haben«, und das klang gut.

Es war mithin eine prima Idee, nicht krank zu werden in Amerika, wir gaben uns alle Mühe, und dann das: Jeden Abend um kurz vor sieben werde ich krank. Zumindest fühle ich mich krank und ganz und gar unwohl. Im Fernsehen laufen um diese Zeit auf den wichtigsten Kanälen die Abendnachrichten. Schon die Nachrichten können krank machen in Amerika wegen Bush und Cheney und der allgemeinen Qualität der Nachrichten. Aber wenn sie mit Bush und

Cheney durch sind, berichten sie um kurz vor sieben von den neuesten Krankheiten und den Pillen dagegen. Überall, auf allen Kanälen, sitzen Weißkittel und erzählen von Gonorrhö, Gicht, Pusteln und neuartigen Bakterien, die erstaunlicherweise immer in Amerika entdeckt werden. Nun neige ich leider zu leichter Hypochondrie, und immer dann, wenn sie im Fernsehen über Bluthochdruck und Leberbeschwerden reden, beschleunigt sich mein Puls, und ich fühle einen eigenartigen Druckschmerz an der Stelle, wo ich die Leber vermute.

Hypochonder, selbst leichte, haben es schwer in Amerika. Sie kriegen es von allen Seiten. Denn Pillen, Tropfen und Krankheiten spielen im amerikanischen Alltag eine gewaltige Rolle. Bestimmt tun sie das auch in Deutschland, aber wir konnten uns nicht daran erinnern, dass in der Tagesschau derart ausführlich über Gicht, eitrige Zysten und neue Bakterien berichtet worden wäre.

Wenn wir die Abendnachrichten überstanden haben, heißt dies noch lange nicht, dass es dann vorüber wäre mit medizinischer Rundumversorgung. Die Werbung hierzulande ist nämlich zugeschnitten auf alle möglichen Spielarten des Unwohlseins, und man könnte glatt den Eindruck gewinnen, dass ganz Amerika ziemlich krank ist und weite Teile der männlichen Bevölkerung unter »E.D.« leiden, einer wonnigen Abkürzung für »erectile dysfunction«, einer wonnigen Umschreibung für Impotenz. Viagra war früher, heute ist Cialis und Levitra. Ungeheuer viel Werbung zielt in Amerika unter die Gürtellinie. Man sieht in diesen Spots glückliche ältere Paare händchenhaltend am

Strand liegen oder sitzen, und sie zwinkert ihm neckisch zu, worauf er sich erhebt, der Mann, und sodann schlendern sie gemeinsam Richtung Dünen oder Zimmer, und der Rest ist der Phantasie des Zuschauers überlassen.

»E.D.« scheint eine Seuche zu sein in diesem Land, aber glücklicherweise hat meine leichte Hypochondrie die Lendengegend noch nicht erreicht.

Unsere Idee, nicht krank zu werden, stieß also auf Hindernisse im Alltag schon wegen Fernsehen und Hypochondrie. Aber auch so. Gleich am zweiten Schultag rief Mary, die Krankenschwester an der Lehranstalt, bei uns an, um der Frau mitzuteilen, dass beide Töchter unter, und sie zitierte, »Kopfschmerzen und Kotzgefühl« litten. Mary hat oft bei uns angerufen, stets mit der Eingangsformulierung: »Hi, hier ist Mary von der deutschen Schule, keine Sorge, es ist nichts Schlimmes, aber ...« Mal war Fieber, mal waren Zahnschmerzen, mal waren Prellungen, und ziemlich oft war Kotzgefühl.

Der Vorsatz, nicht krank zu werden, ließ sich trotz aller Bemühungen in der Praxis nicht eins zu eins umsetzen, und den Mann erwischte es als ersten mit einer Kinderkrankheit, welche sich durch rötlichen Ganzkörper-Ausschlag äußerte. Es sah – vorsichtig ausgedrückt – nicht eben appetitlich aus, Frau und Töchter hielten sich vorsichtshalber fern, aber das konnte keine Dauerlösung sein. Auf diese schnöde Art und Weise endete, knapp drei Monate nach unserer Ankunft, der Vorsatz, Arztpraxen nicht zu betreten.

Kurz darauf wuchs an der Stelle am Kinn, wo der entfernte Grützbeutel mal gewesen war, ein neuer

Grützbeutel. Die Töchter fanden das abermals urkomisch, »klingt wie eine Nachspeise«, aber die Hautärztin konnte mit dem Begriff herzlich wenig anfangen und taufte den schönen Grützbeutel einfach um in »epidermal cyst«, was weniger heiter und eher nach richtiger Krankheit klang. Sie entfernte ihn und sagte: »Damit müssten Sie jetzt Ruhe haben.«

Kurz darauf brach sich die jüngere Tochter beim Ballett den Fuß, was wir allerdings zunächst als ordinäre Verstauchung abtaten. Wir zogen abends, es war Halloween, mit der Kleinen sogar noch um die Häuser. Das heißt, wir trugen sie mehr um die Häuser. Im Krankenhaus waren sie über unsere Eingangsvermutung, »bestimmt nur verknackst«, wenig begeistert.

Kurz darauf musste der älteren Tochter ein gewaltiger Splitter aus dem Fuß operiert werden.

Kurz darauf schwoll mein Knie auf Handballgröße, alter Fußball-Schaden, und der Orthopäde verschrieb mir neben Schmerzmitteln zur großen Freude der Töchter einen Stock, »jetzt siehst du aus wie Doktor House«.

Kurz darauf, und wieder grüßt das Murmeltier, war der Grützbeutel am Kinn wieder da, und diesmal lachten nicht mal mehr die Töchter.

Wir gingen fortan, Kosten hin und her, sogar zu zahnärztlicher Vorsorge, nachdem sich beim Mann ausgerechnet während der »Katrina«-Tragödie in New Orleans ein längst für tot erachteter Weisheitszahn quicklebendig zurückmeldete – eine Katastrophe kommt selten allein –, was den Beginn einer Jahre währenden dentalen Odyssee einleitete. Die Fachkraft Dr. Peterson inspizierte den Rachenraum, nahm seinen Mundschutz ab und sagte: »This looks like a major operation.« Das war keine leere Drohung, sondern der Beginn einer innigen Arzt-Patient-Beziehung. Etwa zwei Jahre und viele, viele Dollar später schüttelte er mir die Hand und sagte: »Wir sind einen langen, langen Weg gemeinsam gegangen.« Das klang so, als hätten wir soeben gemeinsam den Mount Everest bestiegen. Es war ein langer, steiniger Weg da rauf, den Everest ...

Als die provisorische Brücke zum sechsten Mal aus dem Mund purzelte und diesmal, platsch, in einer chinesischen Nudelsuppe landete, war das überhaupt nicht mehr schlimm. Niemand in »Ming's Deli« auf der Third Avenue schaute verblüfft. Wahrscheinlich ist es ganz normal, dass provisorische Brücken aus Mündern in Suppen fallen, und ich selbst hatte mich an solcherlei Imponderabilien längst gewöhnt. Der letzte dentale Notbehelf war nur zwei Wochen zuvor in einem mexikanischen Taco stecken geblieben und fand sich erst nach einigem Suchen im benachbarten Salsa-Häufchen wieder. »Über sieben Brücken musst du gehen« kommt nicht von ungefähr.

Das sechste Mal war also nur Routine. Sie kannten unsere Familie inzwischen sehr gut beim Zahnarzt. Sie mochten uns dort. Die netten Damen im Vorzimmer fragten nie, was dem werten Patienten denn fehlte, sondern, wie der werte Patient zu zahlen gedenke: Cash, Kreditkarte oder Krankenkasse. Wer diese Frage zufriedenstellend beantwortet, wird behandelt. Cash ist am besten. Sie sind reizend, die Vorzimmerdamen.

Unser Zahnarzt Dr. Peterson ist ein munterer Mann Ende vierzig, der entweder unablässig Witze erzählt oder von seinem letzten Urlaub, vorzugsweise Hawaii, während er Wurzeln behandelt oder Brücken und Provisorien einklebt, die ein paar Wochen später in Weichspeisen oder Nudelsuppen enden. Man hätte ihm gerne gesagt, dass er bitte ruhig sein soll, denn es war klar, dass allein unsere Kleinfamilie wenigstens eine Woche Hawaii finanzierte.

Amerikanische Ärzte gehen prinzipiell immer auf Nummer sicher, schon aus Angst verklagt zu werden und nicht mehr nach Hawaii fahren zu können. Mein Gebiss wurde wenigstens sechsmal geröntgt, und die Gammastrahlen-Belastung müsste reichen bis zum Ende meiner Tage. Obendrein neigen sie dankenswerterweise dazu, den Schmerz so klein wie möglich zu halten, weshalb solche Mengen des Narkotikums Novocaine ins Zahnfleisch appliziert werden, die Polarbären einschläfern könnten. Und schließlich ist Zahnarzt nicht gleich Zahnarzt, schon gar nicht in Amerika. In unserer Nachbarstadt gibt es sogar einen »Dental Spa«, eine Art Wohlfühlpalast für Zahnkranke. Man kriegt dort nach Kräutern duftende warme Lappen um den Hals gelegt, ehe die Experten in die Mundhöhlen absteigen. Kostet zwar mehr, erhöht aber den Spaß beim Bohren immens, versichern sie. Die Patienten oder besser: die Gäste in dem Zahnpalast wirken allesamt glücklich und zufrieden, als würden sie in diesem Spa ihre Flitterwochen verbringen. Vielleicht kriegen sie aber auch nur Lachgas als Betäubung.

Wir sehen nie so glücklich aus, wenn wir zum Zahnarzt müssen.

Streng genommen haben wir nicht nur einen Zahnarzt, sondern vier: einen ganz normalen Zahnarzt (den mit den Witzen und Hawaii), einen für Zahnspangen (für die jüngere Tochter), einen fürs Zähneziehen (für den Mann des Hauses), einen Brückenbau-Experten schließlich für Implantate, die dort hinkommen, wo früher mal die gezogenen Zähne standen. Sehr zuvorkommende Menschen allesamt, mit netten Vorzimmerdamen, »cash, Kreditkarte oder Kasse?«. Wahrscheinlich fahren alle Zahnärzte nach Hawaii.

Wobei, und das muss mal klargestellt werden, es eine Mär ist, dass amerikanische Ärzte irre viel verdienen. Das war mal in Amerika, aber nun hängt das Gesundheitswesen am Tropf, und erstmals überhaupt studieren mehr Frauen als Männer Medizin, weil man mit Koliken entschieden weniger Kohle verdient als mit Hedgefonds. Unser guter Bekannter William, Spezialist für Darmspiegelungen, klärte uns auf, dass er es nie zum Millionär schaffen würde, »obwohl ich von morgens bis abends nichts anderes mache als in Arschlöcher zu gucken«. Er fährt trotzdem Porsche, und auf Hawaii war er dank der Arschlöcher auch schon.

Der Spezialist fürs Zähneziehen, Dr. Wallace, ein Mann von rustikalem Humor und fataler Ähnlichkeit mit Crocodile Dundee, begrüßte mich mit kräftigem Händedruck, setzte zwei Spritzen und beglückte mich – während er sich über einen entzündeten Weisheitszahn hermachte – mit der Geschichte seines Bruders, eines Piloten, der ihm als Gegenleistung für die Zahnpflege Flugmeilen zuschustert, Hawaii hin und zurück. Eine Hand wäscht die andere, sagte er, und

Ein Ami beim Zahnarzt

man war irgendwie froh, dass sein Bruder nicht Metzger war. Es knackte und knirschte entsetzlich im Rachenraum, und Crocodile Dundee begann furchtbar zu fluchen auf den »fucking stubborn German molar«, was in etwa »verfickt sturer deutscher Backenzahn« bedeutet. Nach gut zehn Minuten hielt er ihn in die Höhe, rief seine Helferinnen zu sich und präsentierte das Exponat wie einen Pokal. Deutsche Backenzähne, verfickt sture zumal, sind offenbar etwas sehr Besonderes, und man hätte sich nicht weiter gewundert, wenn Crocodile Dundee die Dinger sammelt wie andere Leute Briefmarken und spätabends schon mal seinen Freundinnen vorführt, »darf ich dir meine Weisheitszahnsammlung zeigen?«. Drei deutsche hatte er jetzt schon, und nach jeder Behandlung rief er abends bei uns an und fragte: »Hey, wie geht's dem Loch?« Die Frau des Hauses antwortete dann jeweils: »Dem Loch geht's gut, aber mein Mann kann gerade nicht sprechen.«

Es hat etwas Beruhigendes, dass amerikanische Ärzte sich abends bei ihren Patienten melden. Und umgekehrt gilt, dass sich Patienten auch abends bei ihren Ärzten melden können, selbst spätabends. Das Niveau der medizinischen Ausbildung ist extrem hoch und das Niveau der Behandlung auch. Man muss es sich nur leisten können. US-Bürger geben zwar pro Kopf und Jahr mehr als doppelt so viel Geld für ihre Gesundheit aus wie Europäer, ihre Lebenserwartung aber liegt unter der in der Alten Welt.

Das ist etwas wunderlich, was damit zu tun haben könnte, dass das amerikanische Gesundheitswesen per se etwas wunderlich ist. 47 Millionen Amerikaner,

15 Prozent der Bevölkerung, haben keine Krankenversicherung und meiden wie wir am Anfang Arztpraxen. Eine knappe Mehrheit, 54 Prozent der US-Bürger, wünscht sich deshalb ein Gesundheitssystem nach europäischem Vorbild.

Zahnärzte in Amerika haben die Angewohnheit, die Behandlung des Rachenraumes auf wenigstens eineinhalb Jahre zu dehnen. Wohingegen das Personal in hiesigen Krankenhäusern den Patienten selbst nach größeren Eingriffen schnell aus dem Bett und nach Hause treibt. Denn Krankenhäuser in den USA sind Genesungsfabriken und wie jede Fabrik eben gewinnorientiert.

Vermutlich erklärt dieses Streben nach Profit, warum es in Amerika Krankheiten gibt, von denen man in Deutschland nicht mal ahnt, dass das Krankheiten sind. Sie werben hier beispielsweise für ein Mittelchen gegen »Acid Reflux Disease«. Ein säuerlicher Brand, der in Europa als profanes Aufstoßen bezeichnet würde, hierzulande aber offiziell krankhaft ist.

Ähnlich verhält es sich mit einer Unpässlichkeit des schönen Namens »Restless leg syndrome«, auf deutsch ungefähr: »Unruhiges Bein-Syndrom«. Man sieht in dem Fernsehspot einen dickleibigen Menschen in einem Fernsehsessel sitzen, dessen Beine plötzlich zu zappeln anfangen, und möchte diesem Menschen am liebsten zurufen: »Steh auf und beweg dich, du Fettsack.« Ein solcher Ausruf indes würde einem sofort eine Klage einbringen, weil es Fettsäcke in Amerika ja offiziell nicht gibt, sondern lediglich horizontal Herausgeforderte. Auf jeden Fall zappelt der horizontal herausgeforderte Mensch mit seinen horizontal herausgeforderten Beinen, und man kann die Beine gut verstehen: sie bräuchten schlicht mal Ausgang, mehr nicht. Solche Krankheiten haben wir hier, und für jede dieser merkwürdigen Malaisen existieren selbstverständlich auch Arzneien, weshalb wir uns zuweilen fragen, ob erst die Medizin erfunden wurde und danach die passende Krankheit dazu.

Zahnschmerzen sind im Vergleich zu unruhigen Beinen etwas erfrischend Reales. Und die hiesigen Ärzte haben sich den Gesetzen des Marktes angepasst. Zuweilen bieten sie sogar Rabatt an wie beim Autokauf, »15 Percent off«, 15 Prozent weniger auch fürs Zähne-Entsorgen. In diesen Momenten ärgere ich mich, dass meine Zähne immer dann weh tun, wenn gerade kein Sommerschlussverkauf beim Dentisten ist.

Dr. Peterson klebte die provisorische Brücke wieder in den Mund und verlangte nicht mal Geld dafür. Brückeneinkleben gehört zum Service, sagte er. Ich fragte ihn vorsichtig, warum er sie nicht, nun ja, besser befestigt, anderer Kleber oder so. Und berichtete ihm von den letzten Brückenfundstellen, mexikanischen Tacos und chinesischen Nudelsuppen. Aber er hörte gar nicht richtig zu. Vielleicht war er in Gedanken auf Hawaii.

Monate später hatten wir den Everest erklommen wie Edmund Hillary und Sherpa Tenzing. Ich war fraglos Sherpa Tenzing, ich musste ja die Kosten tragen. Der Doktor schüttelte mir die Hand am Ende unseres gemeinsamen Weges. Er wünschte mir viel Glück, richtete beste Grüße auch an den Rest der

Kleinfamilie aus, und dann fiel sein Blick auf mein Kinn. Er schaute besorgt und sprach: »Sie haben da was. Sieht aus wie eine Zyste. Sie sollten mal zum Hautarzt gehen.«

American Eggball
Sport hüben wie drüben

Einen Monat nach unserer Ankunft wurden wir zeitweilig Fans der New York Yankees. Wir konnten gar nicht anders. Es kam einfach über uns und die ganze Stadt. Nun ist es nicht so, dass unsere Kleinfamilie Baseball als besonders faszinierend empfunden hätte. Jenseits der USA interessiert zu Recht kaum jemanden, warum füllige Männer in pyjamaähnlichen Anzügen mit einem Holzstock auf einen Ball dreschen, hernach auf ein Kissen zukeuchen und die Chuzpe besitzen, diese Beschäftigung auch noch Sport zu nennen.

Aber im Oktober 2001 war das anders. Damals war auf die Yankees noch Verlass. Immer wenn es Oktober wurde, waren die Yankees da und schafften es irgendwie ins Finale, und meistens gewannen sie. Die Yankees aus der Bronx sind das Bayern München der USA. Nur noch unbeliebter, was schon was heißen will, weil noch erfolgreicher. Was auch was heißen will. Entweder man hasst sie oder man liebt sie. Außerhalb New Yorks liebt die Yankees niemand. Ganz besonders verhasst sind die Yankees in Boston, der Stadt ihres Erzrivalen, wo sie T-Shirts mit dem Slogan verkaufen »I support the Boston Red Sox and every team that beats the Yankees.« In Boston werden die Yankees auch gern als »The Evil Empire«, das Reich des Bösen, bezeichnet. Aber auch das war anders im Oktober 2001. Die Trümmer auf Ground Zero dampften noch, und die Yankees standen gegen die Arizona Diamondbacks im Finale, was sie in Amerika gleich »World Series« nennen. Das ganze Land mochte plötzlich die Yankees oder hasste sie ein bisschen weniger, weil alle dachten, die New Yorker bräuchten Trost. Und genauso dachten wir auch, die Frau, die Töchter und auch der Mann. Also saßen wir abends vor dem Fernseher und schauten dicken Männern in gestreiften Schlafanzügen zu, die mit Holzstöcken auf Bälle schlugen. Wir begriffen die Regeln nicht vollständig, damals nicht und heute nicht, und die ältere Tochter brachte es auf den Punkt: »Sieht aus wie Feuerball für Dicke.« Darauf konnten wir uns einigen. Unter normalen Umständen wäre die Wiederholung der Ziehung der Lottozahlen von 1973 spannender gewesen, als den Yankees und den Diamondbacks zuzugucken. Aber die Umstände waren eben nicht normal. Im Oktober 2001 halfen die Yankees der Stadt und irgendwie auch uns. Die Zuschauer trampelten auf den Tribünen des morschen Yankee-Stadions, als sie die Mariners aus Seattle im Halbfinale besiegten. Sie feierten die Spieler und damit sich selbst. Sie hielten sich nicht mal die Ohren zu, als der Polizist Daniel Rodriguez mittendrin »America the Beautiful« schmalzte. Was hochgradig schrecklich war, aber wenigstens Placido Domingo gefiel, der Herrn Rodriguez prompt zum Probetraining einlud.

Psychiater wurden seinerzeit befragt über die Auswirkungen der Yankee-Siege auf New York, und alle sagten so was Überraschendes wie: toll, toll, toll für die verwundete Stadt. Gemeinschaftsgefühl, Stärke und immer wieder: NORMALITÄT. Es war Oktober, und die Yankees standen im Endspiel. Danach konnte man früher die Uhren stellen.

Vor der City Hall, nur wenige hundert Meter entfernt von Ground Zero, gab es eine Feier für die Yankees, ehe sie aufbrachen nach Arizona zum ersten Endspiel. Ein Redner in kreischrotem Blouson, Curtis Swila, Gründer der »Guardian Angels«, einer Art Bürgerwehr, sagte kreischblöde Dinge – »Es ist Gottes Wille, dass wir die World Serie gewinnen.« Er sagte 23-mal das Wort »greatest« in neun Minuten. Der singende Polizist Rodriguez schmetterte diesmal die Nationalhymne, und wieder hielt sich niemand die Ohren zu. Es gab Zuckerwatte und Hotdogs und Eis und eine Rede des damaligen Bürgermeisters Rudy Giuliani. Es war in einem Wort: grauenhaft. Und eben deshalb gut, weil fast so wie früher, als die Türme noch standen, nebenan. An diesem Tag sahen die Töchter zum ersten Mal Ground Zero, und sie waren tief gerührt. Von Rudy Giuliani waren beide weniger gerührt, und das hat sich bis heute nicht geändert.

Die Yankees verloren die Serie in sieben Spielen mit 3:4, und siebenmal saßen wir abends vor dem Fernseher und waren fast ein bisschen traurig, als alles vorüber war. Die Frau sagte: »Dann eben im nächsten Jahr«, und ich versprach den Töchtern, sie in der darauffolgenden Saison mitzunehmen ins Yankee-Stadion. Aber das Interesse der Töchter erlosch zügig, und auch unsere Leidenschaft für dicke Männer in Schlafanzügen schlief wieder ein.

Die Yankees erreichten während unserer Zeit in Amerika nie wieder die »World Series«, verfolgten uns aber irgendwie doch. Ihr Trainer, Joe Torre, wohnte in unserer Nachbarstadt, und zuweilen begegnete man ihm im Zug, was stets einen kleinen Menschenauflauf verursachte. Bis er gefeuert wurde. Und einmal murmelte eine Frau im Supermarkt Richtung Frau des Hauses: »Dort hinten bei den Gurken steht die Frau von Don Zimmer«, worauf die Frau »Wer ist denn Don Zimmer?« sagte und dann in ein entgeistertes Gesicht blickte. Jedes Kind in Amerika kannte Don Zimmer, bis auf unsere Töchter. Don Zimmer war der glatz- und kugelköpfige Co-Trainer der Yankees, und er brachte wenigstens einmal Abwechslung ins Spiel, als er in Boston, natürlich in Boston, eine zünftige Prügelei vom Zaun brach und der Veranstaltung damit so etwas wie sportlichen Charakter verlieh. Die dicken Männer in den Schlafanzügen balgten sich, mittendrin Don Zimmer, der erst austeilte, dann einen ordentlichen rechten Haken abbekam und sich später vor laufenden Kameras entschuldigen musste.

Nun muss man Don Zimmer nicht unbedingt kennen als Nicht-Amerikaner, aber die Frau neigt qua ihrer Sozialisation dazu, amerikanischen Sport nicht richtig ernst zu nehmen oder zu vergleichen mit englischem. Zum Beispiel American Football und Rugby. Wogegen auch nichts einzuwenden wäre. Es kommt nur darauf an, wann, wo und in welcher Gesellschaft. John, der Gatte unserer geschätzten Friseuse Rita, war früher Quarterback der Tampa Bay Buccaneers. Er ist ziemlich groß, ziemlich kräftig, und mit seinem Händedruck könnte er Walnüsse knacken, wenn er nur wollte. Er könnte auch Hände zerdrücken, wenn er nur wollte. Wir saßen bei John im Garten und sprachen über Sport hüben wie drüben. John trug es gelassen, dass die Frau todesmutig American Football als »Rugby for wimps«, Rugby für Feiglinge, abqualifizierte, was zweifellos stimmt, weil die dicken Männer auch noch dicke Schutzpanzer tragen, wohingegen die Rugbyspieler nicht mal ihre Weichteile schützen. Überhaupt, wollte sie wissen, warum Fußball hier nicht »Football«, sondern soccer heißt und American Football nicht American Eggball, weil die fülligen Männer ja gar nicht mit einem Ball hantieren, sondern bestenfalls mit einem Kunststoff-Ei und dieses auch noch werfen. John referierte daraufhin freundlich, aber bestimmt, dass American Football gewissermaßen die amerikanische Seele reflektiere, weil, nicht wahr, es um Landgewinn gehe wie damals bei der Eroberung des Westens. Die Frau verkniff sich glücklicherweise einen Exkurs über die Eroberung des Westens und gemeuchelte Indianer, obschon es sie fraglos reizte. Ich bewunderte sowohl den missionarischen Eifer der Frau wie auch den Johns. Im missionarischen Eifer stand es 1:1, aber weil es in Amerika keine Unentschieden gibt, »winner takes all«, setzte sie in der Verlängerung noch einen drauf und sprach: »Euer Superbowl ist im Vergleich mit unserer Fußball-WM eine Lachnummer, und es sollte euch zu denken geben, dass sich jenseits der USA kein vernünftiger Mensch dafür interessiert.« Das war leicht übertrieben und dennoch ein Wirkungstreffer. John schwieg, und ich brachte das Thema flugs auf George W. Bush, den kleinsten gemeinsamen Nenner, und schon waren wir alle wieder einer Meinung, und es wurde noch ein schöner Nachmittag.

Das Wesen des nordamerikanischen Profisports blieb uns weitgehend fremd. Die bereits erwähnte Hymnen-Phobie erleichterte den Genuss von Sportveranstaltungen auch nicht eben. Immerhin wurde unsere Kleinfamilie aber Zeuge eines denkwürdigen Abends im Madison Square Garden. Die Basketball-Mannschaft der New York Knicks spielte gegen die Toronto Raptors, und plötzlich stürmte der Modeschöpfer Calvin Klein aufs Spielfeld, stoppte vor dem verdutzten Basketballstar Latrell Sprewell, als der gerade zu einem Wurf ansetzte, und verwickelte den Spieler in ein kurzes Gespräch. Hernach wurde der gute Calvin von Sicherheitsleuten abgeführt und nuckelte auf seinem Sitzplatz wieder brav an einem Kaltgetränk. Das war ein wunderbar erratischer Auftritt von Herrn Klein, besser als das Spiel, und die Töchter erinnern sich immer noch mit viel Freude daran.

Hin und wieder begab sich der Mann des Hauses, an sich ein großer Freund des Profisports, ins Yankee-Stadion zum Baseball oder ins Giants-Stadion zum Football und mühte sich nach bestem Wissen und Gewissen, Baseball und Football irgendetwas abzugewinnen, aber es half leider alles nichts. Es half auch nicht, dass mir mein Sitznachbar bei einem Football-Spiel der New York Jets erzählte, dass wir in der Halbzeit zum Aufgang D gehen sollten, weil dort junge Amerikanerinnen unter großem Jubel der vornehmlich männlichen Zuschauerschaft rituell ihre Oberteile für Sekunden liften würden. Und zwar sommers wie winters. Ich blieb sitzen in der Pause.

Wahrscheinlich offenbaren sich im Sport die größten kulturellen Unterschiede zwischen Amerika und Europa. Das eigentliche Sportereignis, lernt man zügig, ist nichts im Vergleich zum Davor, zum sogenannten Tailgating auf dem Parkplatz, wo wildfremde Menschen ihre Wagen nebeneinander parken und Campingstühle aufstellen und portable Grills und ein Happening veranstalten. Denn Sport in Amerika ist Familiensache, außerhalb wie innerhalb des Stadions, und Ausschreitungen sind unbekannt hier, falls nicht Don Zimmer in Boston prügelt. Das Beste an Football und Baseball ist, dass man während eines Spiels problemlos zur Toilette oder zur Bierbude gehen und sicher sein kann, nicht viel verpasst zu haben. Aus diesem Grund vermutlich stehen amerikanische Sportbeobachter permanent auf und gehen zum Klo oder zur Bier- oder Hotdog-Bude; eine Betätigung, für die man beim europäischen Fußball die Halbzeitpause erfunden hat, weil man beim Fußball wirklich etwas verpassen könnte. Ich möchte wetten, dass sich amerikanische Zuschauer während eines Baseballspiels mehr bewegen als die dicken Männer, denen sie zuschauen. Bewegung ist ja eine prima Sache, soll gesund sein und ist per se die ganze Idee von Sport. In dieser Hinsicht haben amerikanische Zuschauer den Europäern definitiv etwas voraus.

Auch die Frau beschloss irgendwann, sich mehr zu bewegen und gesünder zu leben. Sie begann zu tanzen, und Tänzerinnen werden ja immer gebraucht.

Das heißt: Sie infizierte den Rest der Familie mit einem Tanzvirus. Die Töchter lernten tanzen und mochten es, und die Frau überredete sogar den Mann, Tanzstunden zu nehmen, »du lebst zu ungesund und bewegst dich viel zu wenig«. Ich kann nicht behaupten, dass ich Tanzen für eine besonders sinnvolle Tätigkeit gehalten hätte. Mit Tanzen assoziierte ich stets grauenhaft toupierte Blondinen und sonnenstudiogebräunte Männer, die wie Flugbegleiter oder Springer-Chefredakteure ausschauten. Aber es war nun der erklärte Wunsch der Frau, und was tut man sich nicht an aus lauter Liebe. Also nahm ich Tanzstunden bei einer außerordentlich hübschen Puerto Ricanerin namens Jennifer, die sich mit mir sehr viel Mühe gab, aber schnell einsehen musste, dass sie eher einem Waffeleisen Walzer würde beibringen können. Auch ich gab mir alle Mühe, schon wegen der hübschen Puerto Ricanerin, musste aber alsbald einsehen, dass ich für diese Art sportlicher Betätigung einfach nicht geschaffen war. Meine Verrenkungen erinnerten bestenfalls an Regentänze der Hopi-Indianer, nur nicht so elegant. Das Unternehmen Tanz endete einigermaßen kläglich nach sechs Stunden. Wohingegen die Frau zügig Fortschritte machte und an Wettbewerben teilnahm, von denen sie mit potthasslichen Pokalen und Plaketten heimkehrte, welche sie schon aus ästhetischen Gründen in einem Wandschrank versteckte. Zuweilen ging ich aus Solidarität mit zu diesen Wettbewerben, sah dort viele toupierte Blondinen und Flugbegleiter und traf andere Männer, die aus Solidarität ihre Frauen begleiteten. Nach circa einer Stunde solidarischen Solidaritäts-Zuschauens gingen wir Männer an die Bar und schauten American Football im Fernsehen.

Ich bin grundsätzlich eher gebaut für Fernsehsport und dort besonders empfänglich für Fußball, den europäischen natürlich. Nun leben wir in einer Fußball-Diaspora, umgeben von Ignoranten, die mit europäischem Fußball zahnlose englische Hooligans verbinden, die volltrunken und marodierend durch europäische Einkaufsstraßen ziehen. Das ist natürlich richtig. Und doch nur ein Teil der Wahrheit. Wir sind im Laufe der Jahre zu Sendboten geworden. Wir erklären unseren amerikanischen Freunden unentwegt, warum European Football das Spiel der Welt ist und nicht American Eggball. Sie verstehen es einfach nicht. Deshalb verbündeten wir uns alle paar Jahre, bei Europameisterschaften und Weltmeisterschaften, mit Menschen vornehmlich aus Europa, um Fußball zu gucken in einschlägigen New Yorker Kneipen. Fußball soll ja Völker verbinden. Theoretisch. Man machte bei diesen Völker-Verbindungs-Veranstaltungen allerlei interkulturelle Erfahrungen – etwa in einem Etablissement des Namens »Nevada Smith« auf der Third Avenue, in dem sich vornehmlich mittwochs und samstags Fußball-Süchtige aus aller Welt treffen. Im »Nevada Smith« zeigen sie auf großen Bildschirmen die englische Liga, die spanische, die deutsche, die italienische und sogar die amerikanische.

Bei besonders wichtigen Ereignissen verlangen sie 20 Dollar Eintritt, und dennoch ist der Laden stets proppenvoll mit Iren, Spaniern, Italienern, zahnlosen Engländern und Deutschen. Amerikaner sind auch manchmal da, aber vor allem solche, die früher in

Europa lebten und sich dort ansteckten. Sportliche Aufeinandertreffen englischer und deutscher Vereine sollte man meiden im »Nevada Smiths«, schon weil die zahnlosen Engländer mengenmäßig klar überlegen sind und ihr Liedgut meist auf den Zweiten Weltkrieg rekurriert. Der Wirt delegiert bei derartigen Anlässen Deutsche und Engländer umsichtig in zwei verschiedene Räume der Gastwirtschaft. Und wenn englische Mannschaften gegen deutsche verlieren, achtet der Gastronom auch auf getrennten Abzug. Es ist fast ein bisschen wie im richtigen Stadion, selbst eintrittsgeldmäßig, aber das »Nevada Smiths« ist halt eine der wenigen Oasen in der Fußball-Diaspora, und was sind schon 20 Dollar für eine schöne englische Niederlage, selbst wenn die Frau des Hauses dann leidet?

Freunde deutschen Gesangs sind im »Original Bavarian Indoor Beergarden Zum Schneider« beim Fußball-Gucken besser aufgehoben, wie Mann und Frau des Hauses bei ihrer ersten Weltmeisterschaft in Übersee leidvoll erfahren mussten. Zuweilen verirrten sich sogar Engländer in diese deutsche Enklave auf der Lower Eastside. Ein paar Österreicher waren auch da. Geschenkt.

Man erhält im »Zum Schneider« Rouladen mit Rotkohl, rolled beef with vegetables & red cabbage und Schwammerl Ragout und Sausage Platter. Man erhält dort auch allerlei deutsches Bier, vor allem aber rasch tiefen Einblick in die deutsche Seele, die in New York City nicht viel anders ist als in Brackwede, Hückeswagen oder Herne II. Die Klosprüche – »Wer Opel fährt und Fanta trinkt, der leckt die Funz, auch wenn sie stinkt« – besitzen hier wie dort ähnlich tiefenphilosophischen Charakter. Hochwertige abendländische Gesangskultur wummerte unablässig aus den Boxen, »Hier fliegen gleich die Löcher aus dem Käse …«

Aber was blieb uns übrig? Das »Nevada Smiths« war überfüllt an diesem Abend.

Während dieser Fußball-Weltmeisterschaft im Jahre 2002 war es wegen Sitzplatzknappheit ratsam, sehr frühzeitig bei Herrn Schneider aufzuschlagen, wenigstens sechs Stunden vor Anpfiff. Die Frau diagnostizierte drei Stunden vor dem Anpfiff korrekt, dass die »Idioten-Dichte im Lokal bedrohlich steigt«. Im Fernsehen lief die Wiederholung von Deutschland gegen Kamerun, und wann immer der deutsche Trainer eingeblendet wurde, grölten junge Banker, Werber, Unternehmensberater, Filialleiter und andere teutonische Führungskräfte »Ruuuuudiiiii« durch die New Yorker Nacht. Rudi Völler war damals Trainer und ist gewissermaßen der Vater des langgezogenen »i«. Bei der vergangenen Weltmeisterschaft in Deutschland riefen sie »Klinsiiii« und »Poldiiii« und »Schweiniiii«, und die wenigen unerschrockenen Amerikaner im »Zum Schneider« fragten sich, warum neuerdings alle deutschen Namen mit »i« enden, und verstanden es natürlich wieder nicht. Ignoranten eben.

Eine Stunde bis zum Anpfiff, Musik: »An der Nooord-Seeee-Küsteeee«. Dann endlich: das Spiel, erschütterndes Gebolze, dennoch »Deutschland, Deutschland«-Rufe. Herr Schneider, Wirt des Lokals und erkennbar angeschlagen, war zwischendurch auf den Tresen gestiegen und hatte verkündet, dass ab vier Uhr kein Bier mehr ausgeschenkt werde, New Yorker Gesetz. Ruuuudiiiiii-Deutschland gewann, Löcher

Wie sich Amis Fußball in Europa vorstellen

flogen aus dem Käse und landeten an der Nord-Seeee-küsteee. Herr Schneider stieg wieder auf den Tresen, zog sein Deutschland-Leibchen aus und schleuderte es durch die Luft wie der junge Mick Jagger weiland T-Shirts auf der Bühne. Herr Schneider hatte offensichtlich auch eher einen Hang zum Fernsehsport und weniger Drang zur Bewegung, was sich als Bauchspeck niederschlug und den künstlerischen Wert seiner Tresen-Darbietung drastisch schmälerte.

»Freibier«-Rufe dann. Herr Schneider hob die Hände und sprach »Freibier für alle«. Das ging nicht, weil ab vier ja kein Bier mehr ausgeschenkt werden durfte und die New Yorker Polizei um diese Zeit als eher spaßbereinigt gilt. Aber die großzügige Geste machte es. Applaus für Herrn Schneider. Halbwegs geordneter Abzug gegen halb fünf. Von weiteren Selbstversuchen im »Zum Schneider« nahmen wir fortan Abstand und erzählten auch unseren amerikanischen Freunden und Nachbarn nichts davon.

Unsere fast penetrante Lobhudelei in Sachen Fußball zeitigte immerhin kleinere Erfolge. John, Gatte unserer geschätzten Friseuse Rita, nahm tatsächlich den Ratschlag der Frau des Hauses auf und reiste mit Rita nach Deutschland zur Weltmeisterschaft. Sie hatten Karten für das Halbfinale in München, stärkten sich zuvor ausgiebig im Hofbräuhaus mit viel Bier, und beinahe hätte John mit seinen gewaltigen Quarterback-Händen das Interieur zerlegt, als ein paar Männer johlend seine Rita auf die Schulter nahmen und durch die Schenke trugen. John, nicht vertraut mit diesem schönen deutschen Brauch, hielt das im ersten Moment für einen Akt von Kidnapping, und die

Konsequenzen wären furchtbar gewesen für Hofbräuhaus, johlende Männer und John. Aber dann bedeutete ihm ein deutscher Sitznachbar, dass Fremde-Frauen-durch-Wirtshäuser-Tragen ein weit verbreiteter bayerischer Volkssport sei, und alles war gut. John war danach auch sehr angetan vom Halbfinale. Er sah das erste Fußballspiel seines Lebens live im Stadion und erzählte uns später, wie verwundert er gewesen sei über das Tempo und die wenigen Pausen und die Athletik, »und alles ohne Schutz-Polster«. Er war »excited«.

Wir freuten uns für John. Und wir freuten uns für uns. Wir genossen den Sieg still.

»GULP«
Liebe, Sex und Prüderie

Unsere Kleinfamilie verbrachte einmal eine Nacht in Cancun, Mexiko, gestrandet dort auf dem Weg zurück nach New York. Man brachte uns unter in einem Hotel mit Strand, die Töchter hüpften ins Meer, und Frau und Mann wurden unterdessen Zeugen eines bizarren Balzverhaltens, das in Amerika vorzugsweise im Frühjahr ausbricht und Millionen amerikanischer Teenager an Strände von Florida, Kalifornien und neuerdings eben auch Mexiko spült. Dieses Phänomen heißt »Spring Break« und ist ein Freiluftbesäufnis mit anschließendem Austausch von Körpersäften. Das europäische Äquivalent existiert in Orten wie Ibiza und El Arenal auf Mallorca, und Mann und Frau können nicht eben behaupten, von diesen Plätzen jemals besonders angetan gewesen zu sein.

In Mexiko steckten wir nun fest für eine Nacht und trafen bei dieser Veranstaltung die Studentinnen Sarah, 19, und Deborah, 21, welche aus Lincoln, Nebraska, stammten und Jura studierten. Beide waren recht hübsch, recht blond und recht offen. Sie erzählten, dass ihr Tagesablauf in dieser einen Woche in etwa so aussehe: morgens Rausch ausschlafen, mittags an den Strand gehen und Corona trinken, bei dieser Gelegenheit Testosteron-Witterung aufnehmen, abends an die Bars zum Balzen und bei Erfolg im Zimmer Finale. Die Frau, pragmatisch wie immer, wollte von den beiden wissen, wie sie denn die Trips ins mexikanische Vögelparadies finanzierten, »als Studentin konnte ich mir so was nicht leisten, ich meine die Reisen«, und Deborah flötete »Our dads«. Die Papis daheim in Nebraska zahlten für Flug und Hotel, und wenn die Papis Pech hatten, können sie alsbald die Töchterchen bewundern in der beliebten Video-Serie »Girls Gone Wild«, einem Frischfleisch-Kompendium, wie junge Mädels Dinge anstellen, von denen die Papis und Mamis früher bestenfalls geträumt haben. Deborah und Sarah bestellten Piña Coladas und wünschten uns noch einen schönen Abend, und ich nickte und sagte »likewise«, denn es war klar, wie der ihre bei Erfolg enden würde.

Mir wurde einen Moment lang schummrig vor Augen, als ich mir vorstellte, dass unsere Töchter eines Tages wildfremden Menschen erzählen würden, wie sie …, und die Frau des Hauses las offenbar meine Gedanken und sprach: »Keine Sorgen, unsere werden nie so.« Sie referierte klug und schlüssig, dass »Spring Break« nichts anderes sei als eine amerikanische Jugendrevolte gegen Prüderie, und wir seien erwiesenermaßen keine prüde Familie, also bitte kein Trübsal. Die Töchter, elf und dreizehn während der Cancun-Episode, schauten sich das Balzfest einigermaßen amüsiert an und wunderten sich über die hohe Quote von nackten Brüsten an diesem Hotelstrand, was in Amerika undenkbar wäre. Fürs Brüstezeigen haben

Amerikanerinnen eben Mexiko oder den Aufgang D im »Giants Stadium« bei den Spielen der New York Jets.

Die Jüngere fragte ein bisschen erstaunt: »Und warum damals die ganze Aufregung um Janet Jackson?« Das war eine überaus berechtigte Frage. Die Kleine hatte nicht vergessen, dass die ganze Nation vor Entsetzen schauderte, als Frau Jackson in der Halbzeitpause eines Superbowls für einen Sekundenbruchteil die linke Brustwarze zeigte. Auch wir saßen seinerzeit vor dem Fernseher, und nicht einem Mitglied der Kleinfamilie war der Warzen-Gau aufgefallen. Aber Amerikaner haben einen geschulten Blick für Kleinigkeiten, und anderntags sprach das Land nicht über den Superbowl, sondern über Nippelgate, und Frau Jackson musste öffentlich Reue zeigen und führte das Malheur auf eine Garderoben-Fehlfunktion zurück.

Frau und Mann fragten sich, was aus der Flower Power und »Make Love not War«-Generation geworden war, und amerikanische Freunde klärten uns auf, dass die Sprödnis vieler US-Bürger womöglich ein Reflex auf die freizügigen 60-er und 70-er Jahre sei. Außerdem hätten wir jetzt Bush und leider nicht mehr Clinton, und das reichte als Erklärung. Einerseits.

Andererseits geben Amerikaner, Bush hin oder her, jährlich zehn Milliarden Dollar für Sexprodukte aus; mehr als für Sport oder Musik. Hollywood produziert pro Jahr etwa 400 Kinofilme, während im benachbarten Fernando Valley, dem Epizentrum des Triebgeschäfts, 12 000 Vollzeitkräfte rammelnd ihren Lebensunterhalt verdienen und 11 000 Pornos auf den Markt stoßen.

Prüderie und Pornografie sind wie ungleiche Geschwister. Gute Eltern müssen beide mögen.

Frau und Mann einigten sich darauf, dass wir Amerika vielleicht nie richtig verstehen werden, zumindest nicht diesen Teil. Und während wir noch in Cancun am Tresen saßen und Deborah und Sarah aus Nebraska beim Techteln und Mechteln zuschauten, erinnerte ich mich gewissermaßen ans Kontrastprogramm, dem ich einmal beiwohnen durfte, einem Sex-Abstinenz-Gelübde-Abend in einem Kaff in Ohio. Veranstalter war eine Gruppierung namens »The Silver Ring Thing«, die an einem Sommerabend in Canton die örtliche Jugend zum Infoabend in die First Baptist-Church einlud. Etwa 300 Teenager im Alter von 12 bis 19 erschienen und wurden in einer Bühnenshow drei Stunden lang mit Musik, Videos, irdischen und überirdischen Botschaften beschallt. Die Botschaft war so: Sex vor der Ehe ist gefährlich, führt mit großer Wahrscheinlichkeit zu Geschlechtskrankheiten und schlimmstenfalls zum Tod. Denn, nicht wahr, 65 Millionen Amerikaner leiden unter immer mehr Geschlechtskrankheiten, das Böse ist da draußen, und es vermehrt sich rasant. Sicher vor den Viren ist nur, wer der Versuchung widersteht: Abstinenz!

Die Bush-Regierung förderte solche Programme mit dreistelligen Millionenbeträgen. Und man fragte sich, rein hypothetisch, wie die Welt wohl aussähe, wenn des Präsidenten Eltern George sen. und Barbara ein Weilchen länger abstinent gelebt hätten, aber das war nur so ein Gedankenspiel.

Ein Video wurde gezeigt: Junges Mädchen ist schwanger, Freund ging fremd, kriegte Herpes, Mäd-

Miss America zeigt ihre Super-Möpse.

chen sagt: »Unser Kind wird mit einer Geschlechtskrankheit geboren.« Dann weint sie und macht Schluss mit dem Freund. Stille in der Kirche. Noshi betrat die Bühne, sie war 21, Studentin, blond und hübsch wie Deborah und Sarah in Cancun. Aber reichlich anders, weil ganz offensichtlich trieb-immun. Noshi riet den Mädchen in der Kirche: »Tragt keine sexy Klamotten«, weil das die Jungs als Einladung verstehen könnten. Und nicht vergessen – »Küssen ist das Limit.«

Der Abend näherte sich dem Höhepunkt, als der Reverend Denny Pattyn zum Jungvolk predigte. Pattyn ist Gründer von »Silver Ring Thing«, Prediger aus Arizona und führt den Feldzug gegen die Sünde an. Denny war einst mal ein rechter Schlimmfinger, »ich stamme aus einer schlechten Familie, und ich war ein Dieb«, begegnete dann Gott und reist seitdem im höheren Auftrag durchs Land. Denny, verheiratet, drei Töchter, sah ein bisschen aus wie ein Soldat. Er trug khakifarbene Pants und ein olivgrünes T-Shirt. Denny sprach über die Kraft Gottes, aber er sprach noch mehr von Geschlechtskrankheiten und neuen Viren und zitierte aus dem Fachwerk »Epidemic – how teen sex is killing our kids«: »Wer mit sechs Personen Sex hat, ist statistisch betrachtet einer 63-mal höheren Infektionsgefahr ausgesetzt.« Danach las er aus einer E-Mail eines Mädchens, was getan hatte, was sie vor der Ehe nie hätte tun sollen, und nun Warzen hatte an einer Stelle, wo Warzen nicht sein sollten. Es wurde wieder still in der Kirche. Sex macht krank, das war nun allen klar. Und wie. Zumindest macht Sex vor der Ehe krank. Dann kam es zum

Schwur auf die Keuschheit. Aber erst durften die Kids einen Silberring für 15 Dollar kaufen, den sie von diesem Tag an tragen mussten und erst ablegen für den Ehering.

Zigtausend Jugendlichen hatte der Reverend Pattyn den Keuschheitsschwur und 15 Dollar für den Ring abgenommen. Er war auf einem Kreuzzug gegen die Lust, und das verhehlte er nicht. Es geht nicht um sicheren Sex. Es geht um gar keinen Sex. Kondome? »Schützen nicht richtig.« Masturbation? »Beinhaltet sexuelle, pornografische Fantasien.« Es hilft nur eins: nicht dran denken und die Fingerchen schön auf der Bettdecke lassen. Das ist natürlich leichter gesagt als getan. Die meisten der Jugendlichen werden dummerweise doch schwach oder rückfällig, weil auch nur Menschen und trotz der vielen neuen Viren da draußen. Aber der Reverend kämpfte unverdrossen. Ob er vor der Ehe Sex hatte, fragte ich ihn. »Nein«, sagte er entschlossen. Pause. »Sie meinen doch richtigen Geschlechtsverkehr, oder?« Ein bisschen oral ist ganz normal.

Mir war übel, als ich die Kirche verließ. Draußen traf ich einen Kollegen vom italienischen Magazin »Panorama«, dem auch übel war vor lauter Viren und Warzen-Geschwurbel, und er schüttelte den Kopf und sagte: »Ist es nicht eine Schande? Diese Noshi sah wirklich scharf aus.« Darauf konnten wir uns sofort einigen und rätselten gemeinsam darüber, ob die scharfe Noshi nicht vielleicht doch ..., aber auch das war nur so ein Gedankenspiel.

An diesen seltsamen Abend musste ich denken in Cancun und wünschte mir, dass unsere Töchter nie in die Fänge des Warzen-Predigers geraten würden. Ich wünschte mir aber unsere Töchter auch nicht so wie Deborah und Sarah aus Lincoln, Nebraska, die gerade am großen Finale arbeiteten. Deborah hatte es sich auf dem Schoß eines College-Studenten aus Indiana gemütlich gemacht, der – erkennbar volltrunken – sein Glück kaum fassen konnte. Ihre Freundin Sarah machte sich unterdessen an einem nicht minder hochachtungsvollen Mittdreißiger zu schaffen, welcher zwar einen Ehering trug, aber ein »Spring Break« von seiner Gattin nahm.

Es war ein lehrreicher Abend in Mexiko; El Arenal ist überall. Wir hatten viel gelernt über Paarungsverhalten im Frühjahr, das sich fundamental unterscheidet von den üblichen Dating-Riten, über die das amerikanische Fernsehen ausführlichst informiert. Normales Dating in den USA funktioniert so: Junge fragt Mädchen, ob er sie zum Essen einladen darf. Mädchen sagt ja. Junge und Mädchen gehen essen, er zahlt. Wenn das Gespräch einigermaßen vernünftig verläuft, darf Junge das Mädchen nochmals zum Essen einladen, wieder zahlen und flüchtig küssen. Wenn das Mädchen die dritte Einladung annimmt, heißt das: zum Nachtisch Sex.

Theoretisch ganz einfach, in der Praxis deutlich schwerer. 90 Millionen Amerikaner leben allein, und das Geschäft mit der Einsamkeit floriert: Tausende von Matchmaking-Firmen haben sich darauf spezialisiert, das zu ändern, und im Fernsehen laufen ein gutes halbes Dutzend Serien rund ums Verkuppeln. Eine stieg im zweiten Jahr zum erklärten Kleinfamilien-Favoriten auf: »Joe Millionaire«. Joe hieß im richtigen

Leben Evan. Er war auch kein Millionär, sondern Bauarbeiter und ehemaliges Unterhosen-Modell. Joe hatte nun über mehrere Wochen hinweg die Aufgabe, aus 20 gut aussehenden, aber nicht zwangsläufig klugen Frauen die Dame seines Herzens zu wählen und der am Ende zu beichten, dass er keine Kohle schaufelt, sondern Dreck und schon hauptberuflich baggert. Zu diesem Zweck hatte der Sender »Fox« eigens ein Schloss in Frankreich, Romantik!, angemietet und die 20 Ladies dorthin verbracht. Mit einer nach der anderen ging Joe nun aus und mit einer Dame sogar in ein Wäldchen, in das ausnahmsweise keine Kameraleute folgten. Man hörte immerhin schmatzende Geräusche und dann etwas Undefinierbares, was die Fernsehschaffenden von »Fox« kongenial mit »Gulp« untertitelten. Die jüngere Tochter fragte uns, was »Gulp« bedeute, und die Frau erklärte ihr, dass wir darauf später mal zurückkommen würden. Die Tochter vergaß »Gulp« glücklicherweise wieder. Unter »Gulp« durften sich die Amerikaner nun alles Mögliche vorstellen, sogar das Undenkbare, denn zu allem Überfluss kam noch heraus, dass das Wald-Luder einst in Fetisch-Videos aufgetreten war, »nie nackt«, wie sie prompt versicherte. Aber »Gulp« traute man ihr trotzdem zu.

Den anderen Damen traute man gar nichts zu. Sie sagten nicht viel außer »Oh my God«. Und schließlich entschied sich Joe für eine brunzlangweilige Grundschullehrerin, erzählte ihr die Wahrheit übers Baggern und kriegte einen Scheck über eine Million Dollar. Die Grundschullehrerin sagte »Oh my God« und dass sie immer schon an Märchen geglaubt habe. Und wenn sie nicht gestorben sind, dann machen sie jetzt »Gulp«. Mindestens.

Die Töchter inspirierte diese Serie zu allerlei Fragen etwa der Art: »Wie war das bei euch?«, und die Frau erzählte ihnen die Wahrheit und nichts als die Wahrheit. Sie beschrieb meine lila Latzhose und den Lenin-Sticker, und wie ich ihr einmal ein Eis kaufte und zielsicher die richtige Geschmacksrichtung traf, und dass es früh geklickt habe. Und – schwups – ehe sie sich versah, die ältere Tochter im Bauch trug. Die Einzelheiten ersparten wir den Kindern. Berichteten aber gründlich über die aus diesem Grund eilig einberufene Hochzeit im engsten Familien- und Freundeskreis, 25 Leute. Morgens Standesamt, mittags Gulaschsuppe, abends Essen in einem kleinen Restaurant in der Nähe von Bonn, dessen Inhaber sehr nett war, aber unverkennbar unter Neurodermitis litt, weshalb ich ihn sehr zum Unwillen der Frau Krätze-Luigi nannte. Natürlich nur in seiner Abwesenheit.

Es war eine prima Hochzeit trotz Krätze-Luigi, und immer, wenn die Frau davon erzählt, können unsere lieben amerikanischen Nachbarn und Freunde gar nicht glauben, dass man im kleinen Kreis Hochzeiten feiern kann, weil ein kleiner Kreis in Amerika 200 Personen umfasst und eine anständige Hochzeit wenigstens 400 geladene Gäste bedeutet.

Hochzeiten sind deshalb auch ein Multimilliardengeschäft in Amerika und wollen wenigstens ein Jahr geplant sein. Über Hochzeiten gibt es eigene Fernsehshows, und mir tun die Bräutigame leid, weil ungeheurer Leistungsdruck auf ihnen lastet. Jennifer, die hübsche Tanzlehrerin aus Puerto Rico, die dem

Mann des Hauses auf Wunsch der Frau vergebens ein paar Elementarschritte beibringen sollte, verliebte sich irgendwann in einen anderen Tanzlehrer. Aber das einzige, was ihre Hochzeit mit unserer gemeinsam hatte, war, dass auch ihre eilig einberufen werden musste wegen – schwups – Schwangerschaft. Das war alles an Übereinstimmung. Jennifer, Tradition hier, erwartete von ihrem künftigen Gatten, dass der Trauring ein doppeltes Monatsgehalt kosten müsse. Die Damen sehen darin einen Liebesbeweis, die Herren Fron, aber das dürfen sie nicht sagen. Monatelang wurde die Hochzeit geplant, wurden Dekors bestellt, Blumen, Torten, und Jennifer gehört nicht mal zu den Anspruchsvollen. Anspruchsvolle Hochzeiten kosten um die halbe Million Dollar, und die Rechnung zahlt der Brautvater.

Ich hatte nichtsdestotrotz Mitleid mit Jennifers Künftigem und dem Brautvater. Ich hatte auch ein bisschen Mitleid mit mir selbst, denn ich malte mir aus, wie das alles werden würde mit den Töchtern, wenn die mal in dieses Alter …, aber die Frau las abermals meine Gedanken und sprach: »Bis die so weit sind, sind wir längst zurück in Deutschland.«

Das war ein ziemlich mieser Trost.

»You're welcome«
Sitten, Saft und Umgangsformen

Als Deutsche in Amerika haben wir es ziemlich leicht. Amerikaner mögen Deutsche, trotz Hitler, Holocaust und zweier Weltkriege. Sie lieben deutsche Autos, deutsches Bier und deutsche Frauen. Manchmal können Amerikaner sogar über Deutsche lachen, trotz Hitler und Holocaust. Zu großen Heiterkeitserfolgen auf jeder Party gehört der teutonische Klassiker des »Auch Männer müssen im Sitzen pinkeln«. Einige deutsche Familien hier, nicht wir!, haben sogar kleine, rot-weiße Sticker an der Klo-Tür, die einen Mann zeigen, der im Stehen pinkelt. Der Mann ist durchgestrichen. Daneben, für die ganz Doofen, klebt ein Piktogramm mit einem auf der Kloschüssel sitzenden Mann, der nicht durchgestrichen ist, aber dafür gramgebeugt ausschaut. Das muss wohl Scham sein, selbst Piktogramme können sich schämen. Zu Recht. Denn über diesen germanischen Sauberkeitsfetisch können sich Amerikaner und speziell amerikanische Frauen köstlich amüsieren. »So, you pee like a woman«, sagen sie etwa zum Gastgeber der Party, der betreten schweigt, weil überführt. Über die Sitz- und Stehgewohnheiten auf dem Abort kann man stundenlang diskutieren auf Parties und die männlichen Gäste heimlich einteilen in Steher und Sitzer, wobei klar ist, dass der amerikanische Mann definitiv ein Steher ist, denn nichts anderes erwartet die amerikanische Frau von ihm.

Die kulturellen Differenzen offenbaren sich also im Großen wie im Kleinen.

Dem Mann des Hauses ist es auf Flügen noch nie, nie, nie gelungen, eine Zeitung in Ruhe durchzulesen, weil Amerikaner sehr gesprächsbedürftig sind und man nach spätestens 20 Minuten wundervolle Konversation halten kann über Krebsvorsorge, Haustiere, Gartenarbeit, Furunkel und … der Akzent verrät's: Deutschland. Mir ist es auf Flügen und Reisen auch nie gelungen, einen Amerikaner zu treffen, der keinerlei Beziehung zu Deutschland hatte, »Oh Germany!«. Entweder war der Sitznachbar deutscher Abstammung vierter Generation, »my great-great-grandfather came from a little town in Bavaria«, und dann fummelt er seinen Führerschein aus der Tasche, der ihn eindeutig als William Schmidt ausweist, »see!«. Oder seine Tochter war Austausch-Schülerin in Braunschweig, oder er war mal auf einem Oktoberfest in Worpswede, oder sein Schwippschwager war in Frankfurt stationiert. Irgendwas Deutsches ist immer auf diesen Flügen. Und schon redet man von New York bis Salt Lake City, 4000 Kilometer lang, über Amerika und Deutschland, »beautiful women«, und vermeidet am besten Politik, weil man ja nie weiß, ob Mister Schmidt nicht doch George W. gewählt hat. Es sind, falls die Maschinen fliegen und nicht stundenlang auf der Startbahn stehen, die kurzweiligsten

Flüge überhaupt. Sie haben nichts von dem wuseligen »FAZ«-Geblättere und Tomatensaft-Geschlürfe, »kann ich noch Pfeffer haben?«, eines deutschen Langstreckenflugs von Hamburg nach Düsseldorf. Sie sind entspannter. Vermutlich, ganz gewiss, liegt es daran, dass es auf amerikanischen Flügen die »FAZ« nicht gibt und richtige amerikanische Männer auch keinen Saft trinken. Amerikaner, das steht fest, sind überaus unterhaltsam, pflegeleicht, konversationsstark und kein bisschen scheu.

Davon können Mann und Frau ein Liedchen singen. Speziell die Frau, denn sie hat Glück. An guten Tagen ähnelt sie Sharon Stone und an schlechten immerhin Brigitte Nielsen, weil auch sie die blonden Haare kurz geschoren trägt und überhaupt. An solchen Tagen hat es der Mann schwer an ihrer Seite, »You look like ... Sharon Stone!«, hört er dann wildfremde Männer sagen und gelegentlich »are you married?« fragen. Die Frau des Hauses hat viele gute Tage, und ihr britischer Akzent macht alles nur noch schlimmer, weil Synonym hier für »classy« und »stylish«. Das finden amerikanische Männer (auch Frauen) offenbar besonders anregend. Sie reden unentwegt mit Sharon Stone, der Mann steht daneben, leicht eifersüchtig oder gelangweilt, bis Sharon endlich sagt: »Darf ich Sie meinem Mann vorstellen?«, was ihr Gegenüber aber auch nicht weiter interessiert, »nice to meet you«, und sich wieder Sharon widmet.

Solch offenherziger Kulturaustausch funktioniert nicht zwangsläufig zweigleisig. Es gibt Firmen, die ihre Mitarbeiter eigens im störungsfreien transatlantischen Miteinander trainieren. Im Gegensatz zur wolkigen Umgangsform der Amerikaner neigen deutsche Geschäftsleute nämlich dazu, ohne höfliche Umschweife zur Sache zu kommen. Dafür existiert sogar ein feststehender Begriff: »European bluntness«, was etwa so viel heißt wie »Europäische Unverblümtheit«. Damit können viele chronisch zuvorkommende Amerikaner überhaupt nicht umgehen. Und weil wir ja Gäste in diesem Land sind, vermeide ich, Sharons amerikanische Verehrer mit einem »would you be so kind and fuck off«, zu verwünschen, obschon es mich zugegeben reizt, aber das wäre ein klassischer Fall von »European bluntness«, und auch Sharon würde das nicht besonders gefallen. Stattdessen lenke ich das Gespräch, das lernt man hier, vorsichtig auf so spannende Themen wie Krebsvorsorge, Haustiere, Gartenarbeit oder Furunkel, und irgendwann trollt sich der Bewunderer, »was really nice meeting you both«, und aus Sharon wird wieder die Frau des Hauses, die spricht: »Das war mal wieder so richtig typisch deutsch von dir.« Nun ja.

An dieser Stelle muss aber endlich festgehalten werden, dass Amerikaner die liebenswürdigsten Menschen der Welt sind, zumindest in Amerika. Sofern sie nicht in Behörden arbeiten oder an Flughäfen und Uniformen tragen oder fremde Länder überfallen. Früher, noch vor zehn Jahren, waren sie nach streng wissenschaftlichen Erhebungen sogar die glücklichsten Menschen der Welt, aber dann zog Bush ins Weiße Haus, und nun sind nach neuesten Studien selbst Österreicher! glücklicher als Amerikaner.

Ihre Leutseligkeit haben sie trotz Bush nicht verloren, und das ist eine Leistung. Sie sagen tatsächlich

Andere Länder – andere Sitten …
z. B. Werbung

ständig »How are you?« und »Have a nice day« und »You're welcome«. In Deutschland, nicht unbedingt Epizentrum menschlicher Wärme außer bei Fußball-Weltmeisterschaften alle 32 Jahre, wird das schnell als floskelhaft und oberflächlich und Ausdruck minderwertiger Kultur betrachtet. Aber das können nur Leute behaupten, die die USA lediglich aus dem Fernsehen oder vom Hörensagen kennen, und das sind die meisten.

Die Höflichkeit steckt an. Amerikaner sind so höflich und hilfsbereit, dass einem ganz anders wird vor lauter Höflichkeit und Hilfsbereitschaft – speziell als Deutschem. Einmal lag die Frau krank auf der Pritsche, während der Mann irgendwo im Mittleren Westen weilte. Sie hatte nichts Schlimmes, ein fiebriger Infekt kombiniert mit Halsschmerzen, aber sie ähnelte in diesem Zustand kaum noch Sharon Stone, bestenfalls Brigitte Nielsen an einem sehr mediokren Tag. Die Nachricht ging schnell rum in unserer Nachbarschaft, und prompt erschienen unsere lieben Nachbarn David und Myra und brachten Kürbissuppe in solchen Mengen, dass man damit ein Straßenfest hätte beköstigen können. Die Frau bedankte sich artig und überschwänglich mit heiserer Kehle, »Thank you soooo much!!«, obschon Kürbissuppe, bei aller Liebe, nie unser Ding war, nicht mal zu Halloween; wir verabscheuen in Wahrheit Kürbissuppe. Aber ihr heiserer Dank veranlasste David und Myra dazu, nun jeden Abend weitere Eimer Kürbissuppe in die Villa Kunterbunt zu schleppen, weil sie glaubten, Kürbissuppe sei für die Frau nicht nur gesund, sondern auch die ultimative kulinarische Erfüllung. Am dritten

Abend sprach die jüngere Tochter ungewohnt barsch, »Mama, kannst du nicht gesund spielen, wir können die Suppe nicht mehr sehen und schon gar nicht essen.« Und also wurden Töchter und Nachbarn Zeugen einer wunderbaren Hoch-Geschwindigkeits-Genesung. Sharon bedankte sich mit Blumen.

Kürbissuppe und aufmerksame Nachbarn mag es in Deutschland auch geben, aber in Amerika existiert für diese Anteilnahme sogar eine Vokabel: »neighborliness«, und das geht über Nachbarschaftshilfe weit hinaus.

Nirgendwo sonst werden so viele Wohltätigkeitsveranstaltungen abgehalten wie in Amerika. Sie haben solche Charities für mittellose Weiße, für mittellose Schwarze, für mittellose Latinos, für mittellose Soldaten, für mittellose Hunde und Katzen und ganz viele für ganz besonders mittellose Politiker beider Parteien. Nirgendwo sonst wird mit derartiger Inbrunst für Bedürftige gespendet. Nach den Anschlägen des 11. September verspendeten die Amerikaner Haus und Hof. Am Flughafen JFK mussten sie einen Hangar freiräumen für Dosensuppen, Klamotten, Fernseher, Gartenlampen, Tierfutter und Spielzeug.

Als Zugereister kann man sich diesem Spenden-Tremolo nicht entziehen. Die Töchter des Hauses, Seelen von Mensch, kommen in der City an keinem Obdachlosen vorbei, ohne wenigstens einen Dollar zu spenden, weshalb man stets ein Bündel Dollar-Scheine mit sich führt, »Papa, please«. Die jüngere Tochter sang mit vier Freundinnen sogar Weihnachtslieder auf der Fifth Avenue für die Opfer des Völkermordes in Darfur, was moralisch höchst löblich war, finanziell indes weniger einträglich, 40 Dollar. »Immerhin«, sagte die stets aufmunternde Frau des Hauses. Immerhin, genau. Es hätte schlimmer kommen können, 39 Dollar Einnahmen zum Beispiel.

Zu Weihnachten spenden wir für Darfur, die Feuerwehr, die Obdachlosen, die Tierheime, die illegalen Immigranten, die mittellosen Soldaten, die Heilsarmee, die Armee-Veteranen, die »Mothers against drunk driving«, und in einem Anfall von übertriebener Generosität beschenkte die Frau auch die lokale Polizei, »man weiß ja nie«, was sich später als lohnenswerte Investition erweisen sollte, aber das ist ein anderes Kapitel.

Unsere Kleinfamilie konvertierte geschlossen zu »Have-a-nice-day«-Fans. Wir fragen auch »How are you?«, selbst wenn's uns in Wahrheit nicht die Bohne interessiert. Aber es macht den Alltag leicht und bekömmlich in New York. Sie sagen hier sogar »have a nice day« and »you're welcome«, wenn die plötzlich unter Übelkeit leidende jüngere Tochter ihren kompletten Mageninhalt ins Milchwarenregal unseres Supermarktes entleert. Ein ganzes Bataillon von Verkäufern und Kassenfrauen kümmerte sich sofort um die Kleine, »poor little thing«. Und man versuchte sich vorzustellen, wie ein ähnliches Malheur von den für ihre Herzlichkeit berühmten Aldi-Damen verdaut worden wäre.

Nun gelten die New Yorker in den USA in etwa als das, was Berliner in Deutschland sind. »Berliner Schnauze« ist eine sehr freundliche Umschreibung für Grobheit und Unfreundlichkeit. Es gibt kein New Yorker Äquivalent für Berliner Schnauze; man sagt den Bewohnern dieser Stadt lediglich nach, sie seien gemessen am US-Schnitt unhöflich, gemein, widerwärtig und überhaupt ekelhaft. Was stimmen mag, einem Europäer aber insofern nicht weiter auffällt, weil selbst die widerwärtigsten New Yorker vergleichsweise höflich sind und allemal freundlicher als Berliner.

Das nur am Rande und zu Vorurteilen in New York.

Nun zu anderen.

Die verlässlichsten ethnologischen Studien über Amerikaner und Europäer kann man dort betreiben, wo die Kulturen direkt aufeinanderprallen. Im Urlaub am besten. US-Bürger sagen auch im Urlaub »have a nice day« und »how are you?«, während Kontinentaleuropäer, Deutsche zumal, selbst an entspannten Orten wie der Karibik beängstigende Pflichterfüllung demonstrieren. Teutonen, kein Klischee, schleichen tatsächlich morgens um halb vier aus dem Zimmer und legen Badetücher auf Liegen, um ihr Revier zu markieren. Besonders teutonische Teutonen erkennt der Laie selbst in der Karibik daran, dass sie Sandwälle um ihre Liegestühle bauen, auf denen die Badetücher schon liegen. Die schlimmsten Teutonen aber sind die Franzosen, selbst in der Karibik. Franzosen, auch kein Klischee, sprechen nämlich fast ausnahmslos und nur Französisch, wogegen prinzipiell nichts einzuwenden wäre, wenn sie nicht auch vom Rest der Welt ganz selbstverständlich verlangten, Französisch zu reden oder wenigstens zu verstehen. Franzosen erkennt man in der Karibik und wahrscheinlich weltweit daran, dass sie die an sich in Deutschland patentierte Unsitte, Schlangen nach Kräften zu ignorieren, durch den Gebrauch ihrer gallischen Ellbogen am Buffet erweitert haben. Zuweilen war man geneigt, ordentlich zurückzurempeln, aber wir lebten vermutlich schon zu lange in Amerika, wo nie zurückgerempelt wird und man sich beim Rempler, »sorry Sir«, sogar noch entschuldigt.

Europäer erkennt der Beobachter auch daran, dass sie überaus sparsam mit Trinkgeld umgehen, während Amerikaner für jeden Drink einen Dollar Tipp auf den Tresen legen, weil sich das hier so gehört.

Solche Studien betrieben wir im Urlaub in der Karibik und teilten unsere Erfahrungen abends beim Bier mit Tracey und Tony Monteleone aus Richmond, Virginia. Tony sagte zur Frau des Hauses, sie habe große Ähnlichkeit mit Sharon Stone, und für einen Moment wollte ich die Konversation auf Krebsvorsorge, Gartenarbeit und Furunkel lenken, aber dann mischte sich gottlob seine Gattin Tracey ein und sagte: »Bullshit. She looks like Brigitte Nielsen«. So wurden wir Freunde.

Tracey und Tony schämten sich immer ein bisschen dafür, Amerikaner zu sein. Überhaupt schämen sich sehr viele Amerikaner, Amerikaner zu sein unter diesem Präsidenten. Tracey und Tony – er beim Verteidigungsministerium, sie Grundschullehrerin – wollten wissen, wie der Rest der Welt über Amerika denkt. Brigitte Nielsen versicherte ihnen daraufhin in einem kleinen Monolog, dass Amerikaner an sich ganz prima Menschen seien, mit einer allerdings klitzekleinen Einschränkung: »Sieht man mal von Bush und seiner Verbrecherbande ab und den 69 Millionen Idioten, die bei den letzten Wahlen für ihn gestimmt haben.« Übrig blieben, errechnete Frau Brigitte eilig, immerhin 230 Millionen prima Amerikaner, und das wären doch fast dreimal so viele, wie es Deutsche gäbe, ergo gute Quote. Es war ein, zugegeben, waghalsiges Rechenexempel, aber Tracey und Tony waren offenbar glücklich über den Exkurs. Seit Bush leiden schließlich viele Amerikaner an einem Minderwertigkeitskomplex. Sie dürften deshalb allesamt erleichtert gewesen sein, als der Reiseveranstalter »Expedia« eine Untersuchung vorlegte, nach der die Amerikaner in der nach oben offenen Unbeliebtheitsskala verdrängt wurden von Briten und Chinesen und, jawoll ja: Franzosen!

Jeden Abend trafen wir Tracey und Tony fortan an der Bar. Wir machten Witze über Sitz- und Steh-Pinkler, Deutsche und Amerikaner und Franzosen, und am vierten Abend nach dem fünften, sechsten oder siebten Bier nahm uns Tony beiseite. Er räusperte sich, und wir vermuteten kurzzeitig, er wolle uns beichten, dass er als geborener Monteleone so eine Art Pate von Richmond sei. Tony lallte, es sei viel schlimmer: »Tracey und ich haben Bush gewählt.« Einen Moment lang trat Stille ein am Tresen, in der Ferne lärmten Franzosen. Tony sagte auch, er habe sich schon beim mehrminütigen Exkurs der Frau des Hauses outen wollen, sei aber von seiner Frau des Hauses durch einen gezielten Wadenbeintritt daran gehindert worden. Tony ist ein guter Mensch. Wir tranken auf einen neuen Präsidenten, egal wer, die Franzosen sangen ein Lied, was wir nicht verstanden. Die Frau verzieh Tony und Tracey großzügig. Und am Ende eines langen Abends torkelten wir rechtschaffen besoffen von deutsch-amerikanischer Freundschaft in unser Appartement am Strand. Wo die Töchter auf uns warteten, »Papa, bist du blau?«, und quengelten und schreckliche Dinge fragten wie: »Warum haben alle anderen immer die schönen Plätze direkt am Meer und wir nieeeee?« Ich erwiderte: »Wir sind vielleicht keine richtigen Deutschen mehr.« Aber das Argument verfing nicht bei den Nörgel-Töchtern – »Hör dir doch bloß deinen Akzent an«, sagte die ältere. Also beschloss ich morgens um halb drei oder um halb vier, diesem Elend ein Ende zu setzen, ein für alle Mal, und sprach: »Euer Papa geht jetzt an den Strand und legt Badetücher auf die Stühle direkt am Wasser.« Die Frau schüttelte betreten den Kopf, aber ich machte mich auf den Weg, und die jüngere Tochter gab mir Feuerschutz. Wir schworen noch in dieser Nacht, Tony und Tracey niemals von diesem erschütternden Rückfall in deutsche Tugenden zu erzählen, nicht einmal als Peinlichkeits-Wiedergutmachung für ihre Bush-Beichte.

Es war rückblickend einer der beschämendsten Momente meines Lebens. Einer der überflüssigsten auch. Am nächsten Morgen waren unsere schönen Badetücher auf den Liegen direkt am Wasser weg. Auf den Liegen lagen nun Menschen, die glücklich aussahen. Sie sprachen eine fremde Sprache, eine merkwürdige Sprache. Kein Englisch, kein Spanisch, kein Französisch. Kein Deutsch und irgendwie doch.

Auf den Liegen lagen Österreicher.

»Wie viele Tage hat das Jahr?«
Gutes Fernsehen, schlechtes Fernsehen

Unser Fernseher wog ungefähr eine halbe Tonne. Wir hatten das Gerät japanischer Herkunft gebraucht erstanden und transportierten es fünf Tage nach unserer Einreise mit einem kleinen Leihwagen aus Manhattan in unsere kleine Stadt. Die halbe Tonne Fernseher ruhte zur Hälfte auf dem Oberschenkel der Frau, die auf dem Rücksitz saß, den Apparat umklammerte und in jeder Kurve jämmerliche Geräusche von sich gab, weil eine halbe Tonne Fernseher plus G-Kräfte in Kurven anscheinend unangenehm sein können. Ich wählte den schnellsten, aber leider auch kurvenreichsten Weg nach Hause, und endlich daheim, präsentierte die Frau ein hübsches Schnittmuster auf ihrem Oberschenkel.

Seit diesem Tag fährt die Frau.

Wir wuchteten den Fernseher unter Aufbietung aller Kräfte ins noch möbelfreie Wohnzimmer, und dort stand das Trumm tagelang und ziemlich einsam. Er sah irgendwie bedrohlich aus. Der Apparat begleitete uns durch sechs lange Jahre, in guten wie in schlechten Zeiten. Zunächst in schlechten. Denn das Gerät wurde ausgerechnet am 11. September 2001 angeschlossen. Am Nachmittag dieses Tages kam Kim von der Firma »Cablevision«. Kim war zwar eine Frau, aber mindestens so kräftig wie unsere drei Möbelpacker. Sie stemmte die Kiste ganz allein und nicht einmal unter Aufbietung aller ihrer Kräfte auf einen Fernsehtisch, stellte einen kleinen Kasten des Kabelanbieters darauf, stöpselte hier und da, und die ersten Bilder, die der Apparat ausschied, zeigten den Bürgermeister Rudolph Giuliani, wie er durch die rauchenden Trümmer und die Staubwüste von Downtown stapfte. Das waren die schlechten Zeiten, es konnte nur noch besser werden.

Und es wurde besser.

Wir haben circa eine halbe Million Kanäle, die die Wunderbox in unseren Fernseher speist. Wir haben Sender für Wetter, Verkehr, Essen, Nachrichten, Spielfilme und ungefähr 50 allein für Sport. Es gibt Sender für Latinos, Juden, Schwarze, Weiße, Kinder, Teenager, Schwule, Lesben und wahnsinnig viele für Evangelikale. Die Auswahl ist annähernd unendlich, und mich verwirren diese vielen Sender. Mann und Frau würden mit 20 Kanälen locker auskommen, die Kinder mit fünf. Es ist nun nicht so, dass der schwarze Kasten im Wohnzimmer zum Lebensmittelpunkt geriet. Aber er erleichterte viel. Die Töchter lernten die neue Sprache schneller, und wir entdeckten im Laufe der Zeit alle unsere persönlichen Lieblingskanäle. Die Frau liebte den History-Channel und später in ihrer Tanz-Phase »Dancing with the Stars«, die Kinder liebten anfangs alles, was im weitesten Sinne mit Kindern zu tun hatte, und später Comedy-Serien. Und ich entdeckte irgendwann Kanal 409, Gol TV, einen Fußball-Sender, der mir fortan das Leben erheblich verschönerte.

Aber es gab Rituale bei uns, die waren unantastbar, und selbst die Töchter reagierten wie Pawlowsche Hunde, brave Kinder. Wenn ich nach einem langen Tag nach Hause kam und nur die Tür öffnete, schalteten die Töchter wortlos von Kanal 50, Comedy Central, auf Kanal 25, CNN. Man musste sie nicht einmal anherrschen, prima Töchter. Papas Anblick gleich CNN. Alles richtig gemacht.

Auch jener Abend, nach einem Jahr in Amerika, begann wie viele Abende. Ich kam nach Hause, die Töchter schalteten routinemäßig auf CNN. Dort sah man Bush und Blair und Rumsfeld, die man den ganzen Tag über schon gesehen hatte, wie sie Dinge sagten, die man den ganzen Tag über schon gehört hatte. Da sprach die Frau des Hauses: »Du bist nicht auf der Höhe der Zeit. Amerika guckt jetzt ›Meet my Folks‹.« Wir stritten kurz über »Höhe der Zeit«, und ich sagte, dass Bush und Blair und Rumsfeld in diesen schweren Zeiten verdammt noch mal wichtiger seien als irgendwelche Folks. Der Streit endete wie immer. Sie schaltete einfach um auf »Meet my Folks« und sprach: »Du wirst schon sehen.«

Und ich sah.

In »Meet my Folks« sollten die Eltern eines erkennbaren Kretins aus acht Mädchen die vermeintlich Richtige für ihren Sohn aussuchen. Die jungen Damen mussten sämtlichst einen Lügendetektor-Test über sich ergehen lassen, sämtlichst mit bestürzenden Resultaten. Später wurden noch die besten Freunde oder Freundinnen der Kandidatinnen zugeschaltet und erzählten allerlei Nettigkeiten. Etwa dass Tawny gern im Bikini bei fremden Männern putzt, die Schwanzlängen ihrer Liebhaber notiert, einmal sogar ihren Psychologen aufs Sofa zerrte und überhaupt gerne Pornos guckt. Tawny musste gehen. Die Runde reduzierte sich abermals nach einem Wissenstest. Auf die Frage »Wie viele Tage hat das Jahr?« wusste keine der Intelligenz-Abstinenzlerinnen die Antwort. Aber Chelsea, die mit »346, right?« noch am nächsten lag, durfte sich im Finale den Kretin krallen und mit dem für eine Woche nach Europa.

Bush und Blair und Rumsfeld verschwammen langsam, und die Frau sprach: »Das ist noch nicht alles«. Auf einem anderen Kanal lief »Queer eye for the straight guy«, eine populäre Sendung des Inhalts, dass fünf Schwule sich über einen zauseligen Hetero hermachen, binnen weniger Tage dessen Wohnung und Kleiderschrank auf Vordermann bringen und dem Zausel obendrein Manieren bei. Derart generalüberholt wird der entzauselte Hetero auf die Damenwelt losgelassen, mit bahnbrechenden Erfolgen, wie mir die Frau des Hauses versicherte.

Auf TLC, The Learning Channel, Kanal 38, zogen sodann 44 Zwerge ein Flugzeug und traten an gegen einen Elefanten, der auch ein Flugzeug zog. Das Ganze nannte sich »Man versus Beast«, und das Elefanten-Biest gewann mit sieben Sekunden Vorsprung, weil Zwerge eben doch nicht über sich hinauswachsen können. Die Zwerge durften im Übrigen nicht Zwerge genannt werden. Der Sprecher nannte die Zwerge »vertically challenged«, »vertikal herausgefordert«. Mir wurde schummrig, aber die Frau sprach:

»Es kommt noch doller«. Denn anschließend lief »Fear Factor«. Menschen verspeisten Enten-Embryos und würgten sie runter mit Hilfe von flüssiger Schweineleber, weil sie 30 000 Dollar gewinnen wollten.

Das alles kam an einem Abend in Amerika, und 60 Millionen schauten zu. Wir auch. Das schlechte Gewissen wegen Bush und Blair und Rumsfeld verging allmählich. »Wenn man hier lebt, muss man da durch«, sagte die Frau.

Wir mussten da durch. Und wir kamen da durch. Aber dieser eine Abend Gebrechlichen-TV reichte mir vorerst. Er war zugegeben entschieden unterhaltsamer als Bush und Blair und Rumsfeld. Irgendwann, nach nicht mal einem Jahr, hörten auch die Töchter auf zu fragen, warum es im amerikanischen Fernsehen so oft piept. Sie haben hier nämlich einen Index von verbotenen Worten, die man weder sagen noch schreiben darf. Und zwar nie, nie, nie. Diese sieben Ur-Un-Wörter auf der Tabuliste sind: shit, piss, fuck, cunt, cocksucker, motherfucker und tits. Aber das würde in einer amerikanischen Zeitung niemals stehen, sondern: s—, p—, f—, c—, c— s—, mother— und t—. Die Liste wurde im Laufe der Zeit noch erweitert, etwa um bullshit oder son of a bitch. All das darf man nicht schreiben und auch nicht sagen, weil obszön, und also geraten amerikanische Sendungen oft zu Piep-Shows. Der Oberste Gerichtshof verbannte diese Wörter sogar in einem Urteil von 1978 aus dem Radio- und Fernsehsprachraum, und wer sie doch ausspricht, wird eben überpiept, weshalb ganz Pfiffige bullshit oder son of a bitch gar nicht erst sagen und gleich abkürzen mit BS oder SOB. Das ist politisch so gerade eben noch korrekt. Schließlich ist politische Korrektheit das A und O in Amerika. Ladendiebe etwa firmieren auch unter »non-traditional consumers«, und Prostituierte, obschon kein eingetragener Beruf, werden zu »sex care providers«, was großartig klingt und nach Dienstleistung und kein bisschen schmuddelig.

Es gab früher sogar die erfrischend offene Talkshow »Politically Incorrect«, aber nur so lange, bis der Moderator Bill Maher den Terroristen des 11. September einen gewissen Mut attestierte, den es braucht, Flugzeuge in Türme zu fliegen. Das war politisch reichlich unkorrekt, worauf er auch prompt gefeuert wurde, sodann zum Bezahlkanal HBO flüchtete, dem einzigen Sender, wo Moderatoren und Gäste nach Herzenslust shit und fuck und cocksucker sagen dürfen und nicht überpiept werden. Dort fühlt sich Bill Maher jetzt sehr wohl.

Die politische Korrektheit machte im Übrigen auch nicht halt vor den Töchtern, weil allgegenwärtig im amerikanischen Alltag, und wenn ihrem Erzeuger versehentlich ein »fuck« durch die Lippen rutscht, sagen sie einigermaßen angewidert: »Papa hat das f-Wort benutzt«.

Nun schauen wir bis auf Bill Maher auf HBO eher seltener Sendungen mit hoher f-Wort- respektive Piep-Frequenz, sondern vorzugsweise Dokumentationen aller Couleur. Es ist nämlich ein in Deutschland weit verbreitetes Klischee, wonach Amerikaner kulturlos und ungebildet seien. Das ist der pure Unfug, aber das Vorurteil ist wie ein Klingelbeutel: Jeder gibt was hinzu. Wer aber jemals einen Buchladen in den Vereinigten Staaten betreten und dort die Regale mit

How to watch TV in America

zeitgeschichtlicher Literatur gesehen hat, wird seine Meinung unbedingt revidieren. Was in diesem Land Monat für Monat nur an politischen Büchern auf den Markt kommt, ist einzigartig. Quantitativ wie qualitativ. Und die hohe Qualität gilt in Teilen auch fürs Fernsehen. Das Niveau von Dokumentationen, speziell die des Public Broadcasting Service (PBS), ist brillant. Und auch politische Talkshows, Satiresendungen und Serien sind dem deutschen Fernsehen um Lichtjahre voraus, was unserer Kleinfamilie bei Europa-Besuchen immer wieder aufstieß. Es müssen Kader von Kreativ-Entkernten in teutonischen Funkhäusern sitzen, die nichts anderes machen als anderer Leute Ideen zu klauen. Mit welch beschämender Dreistigkeit in Deutschland alle, alle, alle Sender selbst die ärmlichsten US-Formate schlecht abkupfern, generierte bei uns anhaltende Übelkeit – Verblödungs-TV, komplett unlustig und mit »Wetten, dass?« als monatlichem Höhepunkt. Armes Deutschland. Das nur ganz nebenbei und zur kulturellen Überlegenheit des Abendlandes.

Ein guter Freund arbeitet für das deutsche Fernsehen. Er besuchte uns jedes Jahr in New York und sang jedes Jahr das hohe Lied auf die Klasse des germanischen Bildungsfernsehens, was blieb ihm übrig?, aber Frau, Töchter und Mann wurden bei diesen Debatten ganz zappelig und zu glühenden Verteidigern unseres Gastlandes. Wir können uns über das Wortmonstrum »öffentlich-rechtliches Fernsehen« köstlich amüsieren, schon weil aus dieser Logik heraus RTL und SAT.1 dann privat-illegal sein müssen. Und unsere amerikanischen Freunde mögen gar nicht glauben, dass so etwas wie Staatsfernsehen noch existiert, »really?«, und halten es für ein Relikt aus Zeiten des Kalten Krieges.

Nach Aufenthalten in der alten Heimat sehnten sich insbesondere die Töchter nach klugen und komischen US-Serien. Die jüngere sagte: »Das deutsche Fernsehen besteht ja nur aus Werbung für Handy-Klingeltöne«, und die ältere fragte sich, ob es in Deutschland nur zwei Synchronsprecher gäbe, die alles machen müssten. Überhaupt wunderten sich beide über die deutsche Vorliebe zum Synchronisieren, »und dann auch noch so schlecht«. Die Frau sprach »ihr werdet euch schon wieder dran gewöhnen«, und beide Töchter sagten synchron: »Never ever.«

Das wirklich einzige, was wir in Amerika sechs Jahre lang vermissten, waren gute, bündige Nachrichtensendungen. Wir hätten uns nie träumen lassen, dass wir der muffigen Stehkragen-Tagesschau eines Tages nachtrauern würden. Never ever. Nachrichten sind nämlich in den USA kaum auszuhalten, wofür Bush ausnahmsweise nichts kann, weil Nachrichten auch unter Clinton nicht auszuhalten waren. Die Hauptnachrichtensendungen laufen um halb sieben, also genau um die Zeit, wenn vernünftige Menschen entweder noch arbeiten oder Feierabend-Biere trinken oder beides. Die Nachrichten wurden jahrzehntelang verlesen von Journalisten-Darstellern wie Ted Koppel, Tom Brokaw oder Dan Rather, die darüber reich und berühmt wurden. Und alt. Die Riege der amerikanischen Fernsehleute erinnerte stark an das Zentralkomitee der KPdSU, weshalb man sich zuweilen fragte, wer den Kalten Krieg nun eigentlich gewonnen hat. Sukzessive wurden die Greise zwar ersetzt durch knackfrische Mittfünfziger, die immer noch deutlich jünger sind als ihre Zuschauer. Das erklärt die hohe Frequenz von Werbung für Arthritis- und Potenz-Mittelchen in den Pausen.

Ein einwöchiger Selbstversuch endete mit der erschütternden Erkenntnis, dass in diesen sieben Tagen in den Hauptnachrichten der drei großen Sender NBC, CBS und ABC nicht einmal Europa und Asien erwähnt wurde. Sehr wohl aber Paris Hilton und Britney Spears. Der durchschnittliche US-Zuschauer erfährt vom Weltgeschehen so gut wie nichts. Es sei denn, ein Tsunami vernichtet Südostasien oder ein deutscher Jugendlicher läuft in Erfurt Amok, oder tschetschenische Terroristen verüben ein Schulmassaker in Beslan. Katastrophen dieser Art schaffen es in die Nachrichten, schon weil Schulmassaker einen latent amerikanischen Bezug haben.

Die dramatische Weltfremde gilt seltsamerweise auch für jene Stationen, die sich ausdrücklich Nachrichtensender nennen – CNN, Fox News und MSNBC. CNN kreist nur noch um sich selbst, Fox News ist ein schlechter Witz, weil inoffizieller Regierungssender der Republikaner. Und MSNBC, immerhin einäugig unter Blinden, schaut kaum einer. Aus amerikanischer News-Perspektive besteht die Welt aus Amerika und jenen Ländern, mit denen Amerika gerade Krieg führt. Wir haben das Glück, dass aus unserer Wunderbox auf dem schwarzen Trumm auch BBC kommt. Die meisten US-Bürger haben nicht dieses Privileg und genießen daher – nachrichtentechnisch – unser tiefstes Mitleid.

Persönliche Begegnungen mit Fernsehschaffenden aus dem Informationsbereich trugen auch nicht eben zur Vertrauensbildung bei. Ein halbes Jahr nach unserer Ankunft in Amerika trafen wir in Washington in einem Restaurant zwei Herren, von denen sich einer als Mitarbeiter von Vizepräsident Dick Cheney vorstellte und seinen Kumpanen als den »bekannten konservativen Fernseh-Analytiker Tucker Carlson von CNN«. Herr Carlson trug eine Fliege, war aber nicht mehr in der Lage, sich selbst vorzustellen, weil er den Kanal voll hatte. Alles, was er noch zuwege brachte, war ein Bellen, und am liebsten hätte ich »Sitz« gesagt. Wir kannten Herrn Carlson bis dahin nicht und glaubten erst an einen Scherz, weil bellende Fernseh-Moderatoren eine in Europa zumindest aussterbende Spezies sind. Aber sein nüchterner Freund und Cheney-Mitarbeiter bestand darauf.

Wir stritten ein wenig über Bush und Cheney und das Kyoto-Protokoll, Carlson bellte wiederholt, und nach einer Stunde nahm ihn sein Kumpel an die Leine, und sie verließen das Etablissement. Anderntags begegnete er uns wieder; die Frau rief: »Der Hund ist im Fernsehen«, und tatsächlich saß Carlson nun im Studio von CNN und moderierte die nichtsnutzige Talkshow »Crossfire«. Herr Carlson ist jetzt eine Art Star, wie überhaupt so gut wie alle Fernsehleute in Amerika Stars sind. Ein unheilsamer Trend, der leider auch Deutschland erfasst hat, wo selbst B-Sternchen als Stars gefeiert werden.

Ein andernmal, es war ein paar Wochen nach dem verheerenden Hurrikan »Katrina«, saß ich mit einer Fotografin im New Yorker Flughafen La Guardia auf dem Weg zum nächsten Sturm »Rita«. Wir hatten unsere Iso-Matten und Rucksäcke geschultert und jede Menge Müsliriegel dabei und sahen so aus wie eine Mini-Expedition auf dem Weg zum Nanga Parbat. Wir warteten wieder einmal auf ein wieder einmal verspätetes Flugzeug, das uns nach Texas und zu »Rita« bringen sollte, und erzählten uns gegenseitig von unseren Erfahrungen mit amerikanischen News-Reportern während »Katrina« in New Orleans. Die Fotografin berichtete, wie einer der hiesigen TV-Stars mit einem Helikopter in die Dach-Suite seines Hotels geflogen wurde, weil kein Strom war und ergo kein Aufzug funktionierte. Von dort oben hatte er einen dollen Blick über die absaufende Stadt, erzählte aber dem amerikanischen Fernsehvolk ergriffen von Not und Elend um ihn herum.

Wir wetterten und schimpften und machten uns lustig, und meine Kollegin hörte irgendwann auf zu wettern und zu schimpfen, was mich aber nicht daran hinderte, weiter zu lästern über die Dekadenz der Fernsehschaffenden in Amerika. Ich benutzte, fern von Frau und Töchtern, viele f- und s-Worte in meinem Vortrag. Die Fotografin lauschte und legte dann den Zeigefinger auf ihren Mund. Aber ich war längst noch nicht durch mit meiner Suada über den schleichenden Niedergang des Fernsehjournalismus, bis sie schließlich sagte: »You'd better stop here«. Ich fragte: »Warum?«, und sie sagte: »Neben dir sitzt Matt Lauer«. Man muss dazu wissen, dass Mister Lauer eine der berühmtesten Fernsehnasen des Landes ist. Auch er war auf dem Weg zum nächsten Sturm, aber er hatte keine Iso-Matte und keine Müsliriegel für den Notfall dabei, sondern eine ganze NBC-Crew. Matt Lauer hatte meinem Vortrag aufmerksam gelauscht und, wie mir meine geschätzte Fotografin später versicherte, mehrmals den Kopf geschüttelt. Ich drehte mich um, schaute Lauer ins Gesicht und sprach: »Nothing personal«, und das meinte ich ausnahmsweise ernst. Schließlich hatte Lauer schon von einem Bürgerkrieg im Irak gesprochen, als das noch ein ganz großes Tabu war und politisch unkorrekt. Dafür genoss er meine Sympathie. Zwei Jahre später führte Lauer außerdem ein legendäres Interview mit dem verkappt schwulen Senator Larry Craig aus Idaho. Craig saß auf einem Sofa und hielt seine Frau im Arm, der Lauer ein fabelhaftes Geheimnis entlockte. Einer von Craigs Callboys hatte seinen Akt mit dem Senator sehr akribisch festgehalten, und Frau Craig teilte Mister Lauer und damit der gesamten Nation nun mit, dass die Chronik des Lovers schon deshalb nicht stimmen könne, weil sie in drei Punkten signifikant falsch jene Körperstelle ihres Gatten beschreibe, »die eigentlich nur ich kennen sollte«. Man fragte sich kurz, was Frau Craig mit der Wortwahl »drei« und »signifikant« wohl meinte, aber so tief bohrte Matt Lauer dann doch nicht. Es war eine absolute Sternstunde des Fernsehens, und die verdankten wir Matt Lauer, der mir meine Flughafen-Tirade auch nicht weiter übel nahm und, mit zwar verdrießlicher Miene, großmütig »it's okay« sprach.

Wir können absolut verstehen, warum den Nachrichtensendungen die jungen Zuschauer in Scharen weglaufen und zum Blödel-Kanal Comedy Central konvertieren, wo abends Jon Stewart in seiner »Daily Show« eine halbe Stunde lang den Tag in Washington genial persifliert und danach ein Mensch namens Stephen Colbert im »Colbert-Report« einen stramm rechten Talkshow-Gastgeber mimt, der Kongressabgeordnete in aberwitzigen Interviews zu Sätzen treibt wie: »Es gibt Umstände, die es erfordern, Kätzchen in Häckselmaschinen zu entsorgen« oder »Ich genieße Kokain.« Colbert reizte dieses Spiel so weit aus, dass die Demokraten ihren Leuten aus berechtigter Furcht vorm Bad im Kakao nahelegten, sich von dem Satiriker nicht interviewen zu lassen. Als Colbert spaßeshalber als Präsidentschaftskandidat antreten wollte, wuchs seine Anhängerschaft auf Facebook.com schneller als die aller echten Kandidaten und in einem derartigen Tempo, dass die Webseite zeitweilig kollabierte.

Wir gehören auch zu den Nachrichten-Konvertiten. Jon Stewart war mir schon aus dem Grund sympathisch, weil er mal in Tucker Carlsons »Crossfire« erschien und den fragte, wie ein Mann von Mitte dreißig freiwillig eine Fliege tragen und darüber hinaus so viel Stuss von sich geben könne. Auch eine Sternstunde. Stewart und Colbert sind das Gegengift zum Mainstream. Sie informieren und karikieren die Nachrichtensendungen. Was ist noch real? Was ist bereits Satire? Ist alles Realsatire? Stewart und Colbert treffen auf extrem intelligente Art den Nerv einer ganzen Generation, und das müsste den Produzenten der Hauptnachrichten an sich zu denken geben.

Die ältere Tochter wurde in den letzten beiden Jahren zum fanatischen Stewart-Colbert-Fan; sie zählt zu den 21 Prozent der Jungen in den Vereinigten Staaten, die ihren Nachrichtendurst mit der Parodie auf Nachrichten stillen. »Gibt es solche Leute auch in

Deutschland?«, fragte sie die Frau. Und die antwortete: »Die Deutschen hatten mal Harald Schmidt.« Und beließ es gnädig dabei.

Wir werden in Deutschland viele DVDs brauchen.

Manchmal, zugegeben, fallen wir familienintern noch zurück in schlimmste Zeiten und gucken gemeinsam die Gebrechlichen-Shows. Wir saßen beispielsweise gebannt vor dem Bildschirm, als Paul McCartneys Ex-Zicke Heather Mills in »Dancing with the Stars« auftrat, und warteten wie zig Millionen anderer vergebens darauf, dass bei irgendeinem Foxtrott oder Swing ihre Bein-Prothese durchs Auditorium fliegen würde. Und wir schauen gelegentlich »America's most smartest Supermodel«. Junge Menschen treten in dieser Show gegeneinander an, die möglichst nicht nur schön, sondern auch helle sein sollen. Eine aussichtslose Kombination, denn die Ergebnisse sind telegen verheerend. Eine Dame hielt Darfur für ein Parfüm, eine andere glaubte, dass im amerikanischen Bürgerkrieg Russen gegen Japaner kämpften.

Abseits solcher Blüten der Unterhaltungskultur haben sich unsere Fernsehgewohnheiten in den fast sieben Jahren mit dem tonnenschweren schwarzen Kasten erheblich verändert. Die Töchter verhalten sich längst nicht mehr wie Pawlowsche Hunde. Sie schalten nicht automatisch und wortlos um vom Comedy-Kanal auf CNN, wenn ich durch die Tür trete. Sie protestieren vielmehr, »du sagst doch selbst, dass CNN auch nicht mehr das ist, was es mal war«. Das stimmt. Wir konsumieren abends als Nachrichten-Ersatz Jon Stewarts »Daily Show« und den »Colbert Report« und einmal die Woche die schlau-sarkastische Talkshow des politisch unkorrekten Bill Maher auf HBO, dem Sender, wo's nicht piept. Wenn ich zu Hause schon nicht das f-Wort oder das s-Wort sagen darf, dann wenigstens er.

Und zwar in voller Lautstärke.

Zweimal pinkeln gleich Magnet
Hühner, Hawaii und andere Reisen

Zu unseren guten Vorsätzen in Amerika gehörte, den Töchtern möglichst viel vom Land zu zeigen. Im ersten und im zweiten Jahr wurde nicht viel aus diesem Plan, weil Terroristen in New York in Türme flogen und damit Urlaubssperre verhängten. Der Mann des Hauses allerdings war qua Beruf viel unterwegs zu Wasser, zu Lande und in der Luft. Er sah betörende Orte wie Bayonne in New Jersey oder Marquette in Nebraska oder Dearborn in Michigan oder Randolph in Utah oder Rochester in Minnesota oder Bowling Green in Kentucky oder Greenwood in Mississippi. Orte, an die sich kein Tourist verirrt. Und zwar zu Recht nicht. Wir wollten, dass die Töchter Amerika kennenlernen und Orte sehen, in die sich zu Recht kein Tourist verirrt, hatten aber das Erinnerungsvermögen der Kinder massiv unterschätzt. »Ihr habt uns Hawaii versprochen«, sagte die ältere Tochter im Frühjahr 2003. Frau und Mann war kurzzeitig entfallen, dass wir den anfangs Amerika-resistenten Töchtern noch vor unserem Umzug und während der konzertierten Überzeugungs- und Bestechungsaktion von Hawaii vorgeschwärmt hatten, »da fahren wir dann auch hin«.

Das hatten die beiden stets auf dem Schirm, schon weil im amerikanischen Fernsehen ständig Dokumentationen über die schönsten Plätze der Welt laufen, Hawaii ganz weit vorn. »Versprochen ist versprochen und wird auch nicht gebrochen«, sagte die jüngere. Die Frau sagte: »Guck mal in den Spiegel, du könntest dringend Urlaub gebrauchen, und warum nicht Westküste und Hawaii? Was wir haben, das haben wir.« Sie ist eine sehr pragmatische Frau. Ich guckte in den Spiegel, und also führte uns die erste große Reise in Amerika an die Westküste und von dort für ein paar Tage auf die Insel Kauai.

Von den ersten zwei Wochen dieses fabelhaften Trips entlang der Route 1 von Los Angeles nach San Francisco ist uns vor allem ein Magen-Darm-Virus in bleibender Erinnerung geblieben, der zunächst die ältere Tochter auf dem Gelände der Universal Studios in Los Angeles befiel und von dort bis San Francisco brauchte, um Tochter zwei vor einem Briefkasten in der Union Street zu erwischen.

Die Fahrt von Los Angeles nach San Francisco zählte unabhängig vom Magen-Darm-Virus zu den eher anstrengenden, denn damals wollten die Töchter ständig unterhalten werden, »erzählt mal lustige Geschichten aus eurer Kindheit«, und hatten außerdem noch keinen rechten Blick für die Schönheit des Landes entwickelt. Wir hielten an berückend schönen Stellen mit Aussicht über den Pazifik, am Big Sur etwa, aber jedes verdammte Eichhörnchen oder Erdhörnchen oder Streifenhörnchen, »look, how cuuute«, war ihnen im Zweifel wichtiger als berückend schöne Ecken und der Pazifik. Das galt speziell für die ältere

Tochter, die damals ihren Plan, Tierärztin zu werden, noch nicht verworfen hatte. An einem Abend irgendwo zwischen Los Angeles und San Francisco sprach der Mann zur Frau: »Was wir hier machen ist Perlen vor die Säue werfen«, worauf die Frau etwas gereizt reagierte, »deine Töchter mit Säuen zu vergleichen ist eine Sauerei«. Ein kleinerer Streit von einer Stunde entspann sich darüber, ob die Töchter schon reif genug seien für die Westküste und erst recht reif für die Insel, Kauai, weil, wie ich ausführte, ein solcher Urlaub ein kleines Vermögen koste. Ich dozierte über Demut und darüber, dass für mich als Kind zwei Wochen Langeoog das Höchste der Gefühle gewesen seien und wir vielleicht behutsam mit Vermont oder Rhode Island oder der Jersey Shore hätten beginnen sollen und nicht gleich mit … aber dann unterbrach mich die Frau und sprach: »In Amerika gibt's eben kein Langeoog.«

Ein paar Tage später kamen wir an auf Kauai, dem amerikanischen Äquivalent von Langeoog. Die Töchter des Hauses waren sehr aufgeregt, nicht wegen Hawaii, sondern wegen, nun ja, der Hühner. Überall sind Hühner auf Kauai. Haushühner, Wildhühner, Blesshühner. Auf den Straßen, in 2000 Meter Höhe am Rande der Vulkane, am Strand, an den Wasserfällen – Hühner, freilaufende Hühner. Ein Mann aus Oklahoma schrieb ins Gästebuch unseres kleinen Hotels: »Die Insel ist ein Traum, mein schönster Traum. Alles war ein Traum. Aber die Hühner. Punkt vier Uhr morgens krähte der Hahn. Eine Woche lang. Punkt vier. Kauai war ein Traum. Aber jetzt bin ich müde. Aloha.«

So ging das los.

Wir waren gewarnt und wurden erst mal enttäuscht. Kein Hahnenschrei morgens um vier. Nichts als absolute Ruhe. Vielleicht tickten und pickten selbst die Hühner auf Kauai irgendwie anders als die in Kalifornien oder Iowa oder Langeoog, die bestimmt morgens um vier Uhr krähen. Aber auf Kauai gehen die Uhren anders, langsamer. Die Zeitung heißt »The Garden Island« und berichtet über die wirklich wichtigen Dinge des Lebens – Kanurennen, Wettkämpfe der Strandwächter, Surfen und immer wieder das Wetter: Sonne, Lufttemperatur 26 Grad, Wassertemperatur 24 Grad, leichter Wind, ein paar Tropfen Regen. Tagein, tagaus. Seit fünf Millionen Jahren ist das da so. Über George W. Bush stand keine Zeile in der Zeitung.

Wir waren begeistert.

Touristen, schrieb der Hawaii-Liebhaber und Buchautor Andrew Doughty, seien auf der Insel schon insofern leicht zu identifizieren, weil die ständig mit offenem Mund umherliefen und ihnen vor Verzückung der Sabber aus dem Mund triefe. Das deckte sich mit unseren Erfahrungen. Und mein anfänglicher Groll wegen Demut-Mangels verflog, weil die Töchter ganz schnell begriffen, dass das wirklich »the vacation of a lifetime«, der Urlaub ihres Lebens war. Wir schnorchelten an einem Strand, der Poipu Beach hieß, und sahen bunte Fische, die drollige Namen trugen wie Kihikihi, Humuhumu oder Aweoweo. Abends aßen wir Fische, die Opakapaka hießen, aber besser schmeckten. Wir fuhren mit dem Auto die Küste entlang von Hanapepe bis Hanalei, und die Töchter des Hauses fragten nicht einmal: »Wann sind wir da?«. Sie waren, ein Wunder, über Nacht reif für die Insel geworden. Am Straßenrand standen Einheimische, die winkten. Ich sprach zur Frau: »Gleich kommt bestimmt eine Radarkontrolle«, aber es kam keine Radarkontrolle. Es kamen stattdessen weitere Einheimische, die winkten. »Entweder sind die alle glücklich oder alle high«, sagte die Frau.

Uns wurde schnell klar, dass dieses ewige Lächeln auf den Gesichtern der Einheimischen kein genetischer Defekt ist und sie auch nicht high sein müssen, um glücklich zu sein. Auf Kauai lachen ja sogar die Hühner, die nach dem verheerenden Hurrikan »Iniki« 1992 ausbüchsten aus den Farmen, kein Zaun mehr weit und breit, und sich seitdem vermehren, wie nur Hühner und Kaninchen das können, chapeau.

Unsere lieben Nachbarn David und Myra hatten uns vor dem Aufbruch zudem dringend geraten, mit dem Hubschrauber über Kauai zu fliegen, »unvergesslich«. Aber der Blick auf die Preise machte diesen Plan erst mal zunichte, bis uns an einem Abend ein dauerlächelnder Kauaianer ein Flugblatt in die Hand drückte, auf dem 50 Prozent Rabatt für einen Helikopterflug offeriert wurden, falls man sich nur einen zweistündigen Vortrag über »Time-Sharing-Objekte« anhören würde.

Wir waren begeistert.

Die Töchter weniger, aber da mussten sie durch. An einem frühen Samstagmorgen um halb elf trafen wir in einem Hotel auf den Makler Josh Roshkoff, der uns ein Premiumpaket andrehen wollte – »Sie zahlen nur 250 Dollar pro Monat und dürfen dafür zwei Wochen Urlaub machen.« Er zeigte die schönsten Apparte-

Größter Bonsai-Baum der Welt in Texas entdeckt

ments mit Blick aufs Meer, die Töchter waren nun begeistert, und er hörte auch nicht auf zu quatschen, als die Frau des Hauses nach eineinhalb Stunden mit der Wahrheit herausrückte. »Wir sind eigentlich nur hier, um die Ermäßigung für den Flug abzustauben.« Im Hintergrund gab es vereinzelte Beifallskundgebungen, und ein Kollege von Josh rief empathisch durch den Raum: »George aus Atlanta hat soeben das Premiumpaket gekauft.« Ich rettete mich ermattet auf die Herrentoilette und fragte dort meinen Nachbarn unter Brüdern, ob auch er hier sei wegen der satten Ermäßigung für den Hubschrauberflug. Er sagte: »Nein, ich bin George aus Atlanta, wir haben uns gerade das Premiumpaket gekauft.« Ich gratulierte George aus Atlanta, verließ rasch das Örtchen und drängte auf baldigen Abzug. Josh drückte uns ein Zertifikat in die Hand, und Stunden später standen wir am Heliport von Kauai. Unser Pilot Raymond war von der Sorte »Ich-bin-auch-schon-im-Krieg-geflogen«, trug Minipli und Schnäuzer und Flip-Flops und warnte, dass man den Mund während des Fluges nicht zu weit öffnen solle vor Staunen wegen akuter Sabbergefahr. Raymond flog in Krater und Täler, stoppte vor gewaltigen Wasserfällen, kurvte über weite Ebenen und um den Vulkanberg Wai'ale'ale, den regenreichsten Ort der Welt. Nach einer Stunde landete Raymond auf dem kleinen Flughafen von Lihue. Wir entstiegen sprachlos. Ein Huhn lief übers Rollfeld.

Drei Wochen später lasen wir in der »New York Times«, dass sechs Leute bei einem Helikopter-Absturz auf Hawaii gestorben waren. Es war der letzte Sommer ohne Flugangst der älteren Tochter. Ein Jahr später nur hätten wir sie nicht mehr in einen Hubschrauber bekommen, was uns andererseits Geld und den Vortrag von Josh Roshkoff erspart hätte.

Am Tag des Abschieds von Hawaii, 26 Grad, Sonne, leichter Wind wie seit fünf Millionen Jahren, schrieb die Lokalzeitung auf der Titelseite, dass die Strandwächter von Kauai den großen Strandwächter-Wettbewerb auf Oahu gewonnen hätten und nunmehr die dollsten Strandwächter von ganz Hawaii seien. Das war wichtig für Kauai. Wir freuten uns sehr für die Insel. Von George W. Bush stand wieder keine Zeile in der Zeitung. Aloha.

Die Töchter des Hauses schrieben das Gästebuch voll. Sie schrieben viel über Tiere – von bunten Fischen im Meer wie Kihikihi, von leckeren Fischen im Bauch wie Mahi Mahi, von Geckos im Schlafzimmer, von Seelöwen am Strand. Und vor allem von den vielen Hühnern. Zum darauffolgenden Geburtstag schenkte mir die jüngere Tochter einen gelben Wecker, made in China. Seither werden wir von einem entsetzlich krähenden Hahn geweckt. »Remember«, sagt sie manchmal, »remember Kauai?«

Andenken spielen auf unseren Reisen nämlich eine große Rolle. Die Frau sammelt Magneten mit Motiven der einzelnen Bundesstaaten, in denen wir Zeit verbrachten. Pures Durchfahren der Staaten qualifiziert noch nicht für einen Magneten, es sei denn, dass eine Pinkelpause drin war und wenigstens zwei Mitglieder der Kleinfamilie Erleichterung fanden. Auf die jüngere Tochter und den Mann ist diesbezüglich immer Verlass. Nur deshalb klebt jetzt auch Nebraska an unserem Kühlschrank.

Es kamen einige Magneten zusammen, und viele Erinnerungen hängen an den Magneten. Der Magnet für South Carolina etwa steht für den Hurrikan »Charley«, den wir in Charleston erleben durften. Wir retteten uns in ein Restaurant. Draußen tobte Charley und setzte die Straßen knietief unter Wasser, drinnen saßen wir über Hamburgern und Bier, und als Charley endlich aufhörte zu toben, standen die Straßen immer noch knietief unter Wasser, und die Töchter beschlossen unter Umgehung elterlicher Ratschläge ein Bad zu nehmen, was ein amerikanisches Fernsehteam gleich festhielt; eine pudelnasse Reporterin näherte sich kurz danach der Frau des Hauses, und ich vermutete, wir würden nun der mangelnden Sorgfaltspflicht angeklagt, aber die Reporterin sagte: »Ihre Kinder haben mir erzählt, dass sie aus Deutschland kommen und den Hurrikan viel interessanter finden als langweiligen deutschen Dauerregen.« Wir waren stolz auf die Töchter.

Der Magnet für New Mexico erinnert uns an ausgedehntes Bummeln durch Santa Fes berühmte Galerien. Die Kunstwerke waren unfinanzierbar, aber eines, abstrakte Malerei, 5000 Dollar, gefiel uns ganz besonders, und der Inhaber schenkte uns ein Polaroid davon. Die Frau, pragmatisch wie immer, sprach zur jüngeren Tochter, »das kannst du auch«, und als wir wieder zu Hause waren, kopierte die jüngere Tochter die abstrakte Malerei für drei Dollar Herstellungskosten verblüffend gut. Es hängt seitdem im Wohnzimmer, und wir werden von Freunden oft darauf angesprochen, die die Episode gar nicht glauben mögen, aber hinter dem Bild pappt das Polaroid vom Original mit dem Preis drauf, und nun kopiert die Tochter für unsere Freunde alle möglichen abstrakten Malereien. Die Freunde bringen ein Foto vorbei, und schon fälscht die Kleine wie weiland Kujau, talentiertes Kind.

Der Magnet für Colorado steht für Übelkeitsgefühle der kompletten Kleinfamilie, als wir den berühmten Pikes Peak mit dem geliehenen Dodge rauffuhren, was schon für den Dodge schwer genug war und uns in 4600 Meter Höhe einen Hauch von Höhenkrankheit bescherte. Ansonsten war Colorado aber ganz schön.

Der Magnet für den Yellowstone Park steht für die erste Büffelsichtung in der Geschichte unserer Familie und für einen lang gezogenen Schrei der Frau, »da, da, da!«, die Büffel bis dahin nur in Steak-Form kannte.

Viele Magneten kleben also an unserem Kühlschrank, und im Sommer des Jahres 2007, dem letzten Sommer in Amerika, kamen Töchter und Frau auf die Königsidee, dieses wunderschöne Land einmal komplett mit dem Auto zu durchqueren. Von New York bis nach Montana und wieder zurück; 16 Bundesstaaten, 9000 Kilometer. »Du wolltest den Kindern doch immer Stellen in Amerika zeigen, wohin sich zu Recht kein Tourist verirrt«, sagte die Frau. Ich wollte. Der Cross-Country-Trip war die einmalige Gelegenheit dazu. »Außerdem«, sagte sie, »haben wir dann kein Problem mit Flugzeugen und Flugangst, und wir sparen eine Menge Geld.« Beide Argumente zündeten beim Mann des Hauses, die Töchter waren begeistert, und schon machte sich die Frau an die Arbeit und arbeitete eine Route aus, die möglichst viele Magneten an den Kühlschrank bringen würde.

Mir war zwar nicht ganz klar, warum unsere Tour ausgerechnet in Montana enden sollte und nicht in Oregon oder Washington State, jedenfalls irgendwo am Pazifik. Aber irgendwann rückte die Frau raus mit der Sprache. »In Montana«, sagte sie, »ruhen wir uns ein paar Tage auf einer Ranch aus.« Ich fragte: »Muss das sein? Ranch?«, denn Pferde und Cowboys und Rinder sind nicht unbedingt mein Faible, mit Ausnahme von »High Noon« halte ich auch Western für überflüssiges Filmwerk, und prinzipiell befürworte ich den Sinnspruch »Das größte Glück der Pferde ist der Reiter auf der Erde«. Ich stand auf ziemlich verlorenem Posten, allein gegen drei Frauen, die alle Pferde mögen. Die Frau wollte als Kind sogar Cowgirl werden und verdiente sich ihr Taschengeld mit Ausmisten von Pferdeställen in der irrigen Annahme, dadurch würde man Cowgirl. Wir einigten uns auf einen Kompromiss: Falls ein Abstecher nach Cleveland, Ohio, zur »Rock 'n' Roll Hall of Fame« in die Reise-Agenda aufgenommen würde, wäre sogar Ranch okay. Der Antrag wurde ohne Gegenstimme angenommen.

Wir mieteten uns einen weißen Minivan, verstauten die Koffer und fuhren los. Nach nicht mal einer halben Stunde, noch im Bundesstaat New York, rief die ältere Tochter aus dem Fond: »Guckt mal, wie der Ort dort heißt!«. Auf dem Ortsschild stand zu unserer großen Freude Bushkill, und das war ein verheißungsvoller Auftakt unserer Reise. Wir besichtigten in Cleveland die »Rock 'n' Roll Hall of Fame«, fuhren hernach durch den Bundesstaat Indiana, den Cross Roads State, eine Art Belgien Amerikas. Sie haben dort eine Hall of Fame für Wohnmobile und noch eine für die beste College-Football-Mannschaft des Landes, und das ist wahrscheinlich alles, was man über Indiana wissen muss. Kurz vor Illinois erleichterten wir uns in einer Raststätte, deren Toiletten von einer Schnell-Imbiss-Kette gesponsert wurden, und hatten damit das Recht auf den Erwerb eines Indiana-Magneten. Wir übernachteten in Chicago, was fatale Auswirkungen auf die ältere Tochter hatte, der die Stadt so gut gefiel, dass sie beschloss, dort studieren zu wollen und damit ihren Vater zu ruinieren.

Wir saßen pro Tag im Schnitt sechs bis acht Stunden im weißen Minivan. Mal fuhr der Mann, mal die Frau, die mit den Gegebenheiten des amerikanischen Straßenverkehrs deutlich gelassener umgeht als der Mann, der sich allzu leicht aufregen kann über träge Verkehrsteilnehmer, welche sich stupide an jede Geschwindigkeitsbegrenzung halten; das war schon in Deutschland so und wurde in den USA nicht besser, nicht mal im Urlaub.

Lange Autofahrten eignen sich aber vorzüglich für lange Diskussionen. Die Töchter des Hauses waren nun in einem Alter, in dem sie gerne diskutierten. Etwa über das Geduldsproblem ihres Vaters auf amerikanischen Highways. Aber auch über grundsätzliche Dinge. Irgendwo zwischen Illinois und Iowa überraschte uns die jüngere mit der Frage: »Mama, Papa, ganz ehrlich, war ich ein Unfall?« Wir versicherten ihr wahrheitsgemäß und glaubhaft, dass sie die Frucht der Liebe sei, und die ältere, auch kein Unfall, rollte die Augen.

Es war endlich an der Zeit, den Kindern Orte zu zeigen, in die sich kein Tourist verirrt. Amerika ist glück-

My Wife is auf Dienstreise.

licherweise voll solcher Orte, und jeder Ort hat mindestens ein Museum mit irrsinnig zuvorkommenden Ehrenamtlichen drin, Rentnern zu hundert Prozent, die den Besucher überaus freundlich empfangen und sicherstellen, dass der Gast jedes, aber auch jedes Exponat eingehend studiert. Wir stoppten in Dixon, Illinois, um dort das Haus zu besichtigen, in dem Ronald Reagan aufgewachsen war. Streng genommen hatte der verblichene Reagan zuvor schon in diversen anderen Häusern in Dixon gelebt, aber dies war, warum auch immer, das offizielle Museum. Die ehrenamtliche Seniorin, Hüterin des Reagan-Grals, hieß Ernestine, war deutscher Abstammung und führte uns durchs Häuschen, das nichts, aber auch gar nichts Spektakuläres hatte. Sie zeigte die Küche und das Wohnzimmer und Esszimmer und Ronald Reagans Jugendbett. Ernestine hatte das Talent, zehn Minuten am Stück über Reagans Bett dozieren zu können. Wir waren an diesem Tag die einzigen Besucher, und deshalb nahm sich Ernestine viel, viel Zeit. Nach eineinviertel Stunden verabschiedeten wir uns herzlich von Ernestine, machten noch ein Familienfoto vor einem Ronald-Reagan-Denkmal, und im Auto fragte die ältere Tochter: »Hast du nicht immer gesagt, dass du früher gegen Reagan auf die Straße gegangen bist?« Das war zur lila Latzhosenzeit und stimmte. Ich entgegnete, dass man trennen müsse zwischen persönlicher Abneigung und Geschichte, und sie sagte: »Das heißt, dass wir uns irgendwann auch das Geburtshaus von Bush ansehen müssen?«, aber so tief würden wir bei allem Geschichts-Interesse dann doch nie sinken.

Wir fuhren und fuhren und fuhren, manchmal stand

auf unseren Reise-Instruktionen: »Biegen Sie auf die I90 und fahren Sie 560 Kilometer geradeaus, dann rechts.« Wir übernachteten in Motels der Marke »Best Western« und aßen in kleinen Restaurants der Marke »viel Fleisch, wenig Gemüse«, weil nahrungstechnisch die Faustregel gilt: im Westen nichts Neues. Wir spielten das wunderbare Spiel »Beiß mir einen Bundesstaat«, wozu sich Nachos perfekt eignen. Die Töchter knabberten so lange an diesem mexikanischen Gebäck, bis es ansatzweise die Form eines US-Staates hatte, und fragten: »Welches Land ist das?«. Viele Nachos, geknabbert oder nicht, sehen merkwürdigerweise aus wie Tennessee. So vertrieben wir uns die Zeit.

In Walcott, Iowa, direkt am Highway hielten wir an am »World's Largest Truck Stop«, einer gigantischen Tankstelle mit gigantischem Parkplatz. Beide Töchter begannen zaghaft zu murren, »are you crazy?«, als ich einen Boxenstopp verordnete, um Fotos zu machen. Ich muss gestehen, dass ich in Amerika eine gewisse Obsession für die Skurrilitäten jenseits der Straßen entwickelte. Die Obsession begann vor Jahren mit der Besichtigung der weltgrößten Fieberthermometer-Sammlung im Keller von Dick »The Thermometer Man« Porters Haus in Onset, Massachusetts. Sie ließ mich nicht mehr los, die Obsession. Wir sahen auf dieser Reise auch noch die weltgrößte Schneeschaufel, das weltgrößte Holzgewehr, den weltgrößten Korkenzieher und die geografische Mitte Nordamerikas, was insofern bemerkenswert war, weil sie in Rugby, North Dakota, neben den USA und Kanada auch Mexiko zu Nordamerika zählen. Das erklärt die geografische

Mitte ausgerechnet in Rugby. Es gibt in Amerika noch eine Reihe von anderen Orten, die für sich die geografische Mitte reklamieren. Rugby reichte uns vorerst.

Frau und Töchter nahmen meine Obsession zunächst gelangweilt, dann zunehmend genervt hin, aber der innerfamiliäre Friede auf dieser Reise geriet nur einmal ernsthaft in Gefahr, als ich in South Dakota beschloss, das weltweit einzige Mais-Museum, den »Corn Palace«, zu besuchen. »Ist Papa verrückt?«, fragte die Jüngere, und die Ältere sprach: »Gleich nebenan ist Mount Rushmore, und du willst in ein Mais-Museum?«.

Ich wollte.

Als ich in Minot, North Dakota, darauf bestand, das Grabmal eines norwegischen Einwanderers, der die Telemark-Landung beim Skispringen erfunden hatte, anzuschauen, wurde es selbst der an sich engelsgeduldigen Frau des Hauses zu viel – »auch wenn du deinen Töchtern Orte zeigen willst, die kein Tourist besucht: Der tote Norweger geht zu weit«. Wir strichen das Grab und hielten uns zeitweilig an Ziele von touristischem Charakter. Die Badlands, Custer National Park, Mount Rushmore. Dort, unter dem steinernen Antlitz der vier Präsidenten, wurde die ältere Tochter Zeuge eines denkwürdigen Telefonats. Ein vollbärtiger Herr, den Motorrad-Helm und ein T-Shirt als Besitzer einer Harley Davidson auswiesen, schrie in sein Handy: »Ihr glaubt gar nicht, wo ich hier gerade stehe. An dem Berg, wo Spielberg die ›Unheimliche Begegnung der dritten Art‹ gefilmt hat.« Das war ein definitives Highlight unserer Reise.

Wir fuhren durch ärmliche Indianerreservate und

sahen historische Stätten wie Wounded Knee, den Ort, an dem US-Soldaten Lakota-Indianer massakriert hatten, und kurz drauf Custer's Last Stand, den Ort, wo Lakota-Indianer die siebte Kavallerie inklusive General Custer massakriert hatten. Abends trafen Mann und Frau des Hauses in einer Bar in Billings, Montana, den Flathead-Indianer »Standing Grizzly«, der mit richtigem Namen Michael Durglo heißt und zu unserem Erstaunen einen deutschen Opa hatte. Mit ihm diskutierten wir über Indianer und Reservate und Wounded Knee und Custer's Last Stand und entschuldigten uns stellvertretend für alle Bleichgesichter für die Verbrechen an den Indianern. Aber »Standing Grizzly« waren die Massaker von damals ziemlich schnuppe, er war jetzt Sozialarbeiter und Anhänger der Boston Red Sox. Michael schrieb seinen indianischen Namen auf eine Serviette – ectwés smxe – sprach es dreimal vor und sagte dann: »Jetzt ihr.« Lautmalerisch erinnerte sein Name an eine Mischung aus Flämisch und Deutsch, was entweder mit »Standing Grizzly«'s deutschem Opa zu tun hatte oder mit der indianischen Vorliebe für den gemeinen Rachenlaut. Frau und Mann, rachenlaut-geübt, stellten sich zu seiner erkennbaren Freude beim Nachsprechen gar nicht so dämlich an. Darauf stießen wir an. Wir hatten viel Spaß an diesem Abend trotz Wounded Knee und Custer's Last Stand. Zum Abschied tauschten wir Telefonnummern.

Tags drauf erreichte die Kleinfamilie das Etappenziel »Lake Upsata Guest Ranch«, welche von der liebenswerten Familie Gilchrist geleitet wurde. Sie hatten fünf Hunde und 30 Pferde für die Frauen des

Hauses und eine Terrasse mit Seeblick und Flaschenbier für den Mann. Die Ranch war ein Mikrokosmos der amerikanischen Gesellschaft. Die Gäste waren Anwälte, Ärzte, Bauern, Hausfrauen, Klempner, Journalisten, Polizisten und Millionäre wie George, der in Tennessee Pferde züchtete und neben viel Geld auch eine Frau besaß, die auf den Namen Tinkerbell gehorchte. George und Tinkerbell hatten eine gemeinsame Tochter, Jennifer, die wiederum einen eigenen Diener besaß. Abends nach dem Essen, viel Fleisch und wenig Gemüse, saßen wir alle gemeinsam auf der Terrasse. Der Diener ruderte Jennifer über das Gewässer, sie angelte mit Shrimps als Ködern, die der Diener an die Haken applizierte. John, Anwalt aus Atlanta, und der Mann tranken Flaschenbier der unvergesslichen Marke »Trout Slayer«, Forellen-Schlächter, und machten Witze über Shrimp-Angeln, und ich brachte John bei, wie man »Standing Grizzly« auf indianisch ausspricht. Er, rachenlaut-ungeübt, tat sich schwer damit.

Wir verlebten unbeschwerte Tage auf der Ranch. Frau und Töchter ritten, der Mann ruderte oder übte mit John den Rachenlaut. Abends kamen wir zusammen, aßen viel Fleisch und wenig Gemüse, hockten hernach auf der Terrasse und hörten dem Guest-Ranch-Besitzer Greg zu, der sehr plastisch vom Jagen und Hirsch-Häuten erzählte. Deirdre, Hausfrau aus New Jersey, konnte bei diesem gemütlichen Beisammensein auch eine wunderschöne Tier-Episode beitragen und beichtete, wie sie mal den Notruf 911 wählte, weil sich ein Eichhörnchen in ihr Haus verirrt hatte, worauf die Polizei anrückte und das Eichhörnchen vertrieb. Wir lachten herzlich – am herzlichsten lachte die Frau des Hauses – und tranken noch ein »Trout Slayer«. Im Hintergrund brannten die Berge, ganz normal in Montana, größer als ganz Deutschland. Montana kann sich brennende Berge leisten.

Am dritten Tag überredeten mich die Frauen des Hauses, es wenigstens zu versuchen mit dem Reiten, »nun stell dich nicht so an, es hat noch niemandem geschadet«. Ich endete auf einem Pferd, das aber meine Antipathie gegen diese Transporttiere sofort witterte und es offenbar auch mit meinem Sinnspruch vom Glück der Pferde und dem Reiter auf der Erde hielt. Reiten gehört ebenso wenig wie Tanzen zu meinen großen Stärken. Es war aber schön zu sehen, wie sich Frau und Töchter von den Strapazen der langen Hinfahrt erholten. Sie sahen glücklich aus, die Pferde gehorchten ihnen sogar. Die Töchter freundeten sich mit dem Cowgirl Ellie an, welche aus Ohio stammte, Angst vor Wasser hatte und später irgendwas mit Pferden studieren wollte.

Die Zeit verging wie ein Ritt über den Bodensee. Am Tag unseres Abschieds weinten die Pferde und die Töchter. Ich musste Pferden und Töchtern versprechen, dass wir wiederkommen würden. Wir verabschiedeten uns von John und Deirdre und George und Tinkerbell – der Diener und Jennifer angelten gerade mit Shrimps – und tauschten Telefonnummern aus.

Sodann bestiegen wir den weißen Minivan und machten uns auf den 4500 Kilometer langen Heimweg. Ich musste mein Wort geben, keine weiteren Skurrilitäten am Straßenrand anzufahren, obschon mich das weltgrößte Schildkrötendenkmal in Minnesota und das weltgrößte Wollknäuel in Kansas ziemlich reizten. Wir hielten noch einmal am weltgrößten Truck-Stopp in Iowa, aber diesmal nur, um zu pinkeln, kauften einen Magneten und fuhren, fuhren, fuhren durch North Dakota, Minnesota, Wisconsin, Michigan, Ontario. Wir schliefen in »Best Western« Hotels und spielten abends »Beiß mir einen Bundesstaat«. Fünf Tage und vier Magneten später erreichte die Kleinfamilie unsere Villa Kunterbunt. Wir waren traurig, aber immerhin freute sich Todd von der »Liquor Pantry« über unsere Rückkehr, »good to see you again!«. Ich hätte ihnen gern noch mehr gezeigt von Ecken, die kein Tourist sonst je zu sehen bekommt. Aber es war schön. Schön anstrengend. Ich hätte nach diesem Urlaub dringend ein paar Tage Urlaub gebrauchen können.

Rudi
Haustiere und Tiere im Haus

Kindern darf man nie zu viele Versprechungen machen, nicht mal vage, nicht mal andeuten. Ihr Gedächtnis hat etwas von Elefanten. Versprechen, selbst vage, kommen zurück wie ein Bumerang. Der Bumerang traf uns zu einem ungünstigen Zeitpunkt an einem Samstagmorgen zwei Tage vor Heiligabend. Die Frau war sehr beschäftigt mit Besorgungen; ich war sehr beschäftigt mit Zeitunglesen. Mittags stand die ältere Tochter in der Tür mit einer Schulfreundin und der Mutter der Schulfreundin, und die drei schleppten eine zunächst undefinierbare Kiste in die Villa Kunterbunt, die sich auf den zweiten Blick als ein Aquarium erwies. Die Tochter hielt darüber hinaus einen wassergefüllten Beutel in der Hand, in dem zwei Goldfische schwammen, die ihr die Mutter der Freundin geschenkt hatte. »Ihr habt es uns versprochen vor dem Umzug«, sagte sie, und ich mochte vor Augen und Ohren der Mutter ihrer Freundin nicht ernsthaft intervenieren und sagte zögerlich, »ist schon okay«. Wir hatten sogar noch Glück, denn das Haus ihrer Freundin war in Wahrheit ein Zoo, und es hätte durchaus sein können, dass sie mit zwei Python-Schlangen statt der Fische in der Tür gestanden hätte.

An diesem vorweihnachtlichen Samstag bekam unsere Kleinfamilie Zuwachs. Wir installierten das gebrauchte Aquarium am Fenster in ihrem Kinderzimmer, tauften die Fische Niblet und Tidbit, Häppchen und Leckerbissen, und die Töchter saßen fortan stundenlang vor dem Kasten und schauten den langweiligen Fischen zu.

Niblet und Tidbit waren die ersten Haustiere in der Karriere unserer Sippe, abgesehen von halbtoten Tauben, die die Ältere im Garten fand und bis zum Ableben krankenpflegte. Aber trotz der Fürsorge der Töchter hielten es die Fische nicht lange bei uns aus. Kurz nach Weihnachten trieben beide kieloben, weil sie – wie wir rekonstruierten – im Aquarium am Fenster langsam gekocht wurden. Es gab Tränen über Tränen, beide Töchter schrieben Abschiedsbriefe an die Tiere, und abends hielten wir Familienrat. »Fische gehören sowieso ins Meer oder auf den Teller«, sagte ich, und wieder gab's Tränen und einen bösen Blick der Frau, und danach hielt ich einfach den Mund. Die Kinder, so viel war klar, wollten unbedingt ein Tier, und aus dieser Nummer kamen wir nicht raus. Mir ging es fortan nur noch um Schadenbegrenzung: klein, unauffällig, leise, möglichst stubenrein, was den Kreis der möglichen Kandidaten schon erheblich einschränkte. Die Ältere, damals noch auf dem Tierarzt-Trip, wollte einen Hund, die Jüngere einen sprechenden Papagei, ich schlug einen Hamster vor. Zugegeben auch in der stillen Hoffnung, dass er ausbüchsen und durch puren Zufall unserer Nachbarskatze »Bad Cat« bei der Dinnersuche und als Abwechslung von der eintönigen Streifenhörnchen-Diät über den Weg laufen würde.

Die Frau überzeugte schließlich mit einer Kompromisslösung: »Wie wäre es mit einem Hasen?« Die Töchter akzeptierten sofort, und die Nachwuchs-Tierärztin hatte auch schon eine exakte Vorstellung, was für ein Hase das sein müsste, ein »German Lop«, eidesstattlich geprüft bereits bei einer Klassenkameradin, die im Besitz eines solchen Tieres war. Ich mochte den Hausfrieden nicht zusätzlich belasten und willigte ein, Hamster oder Hase einerlei, Hauptsache ruhig, und kaum acht Wochen später brachte ein Bekannter einen Käfig aus Deutschland mit, darin ein graues Knäuel hockte, ein Hase, groß wie ein Hamster damals. Die Töchter waren verzückt, »süüüüüüüüüüß«, die Frau auch, »ach, guck mal, wie niedlich«, und ich sagte nichts. Zum Thema Hasen oder Kaninchen wäre mir ohnehin nicht viel eingefallen, allenfalls Rezepte. Zu Weihnachten gab es bei uns zu Hause früher immer Hasenpfeffer, und ich mag auch alle Arten von Kaninchenragout, aber die pure Erwähnung solcher Delikatessen hätte strikten Liebesentzug der drei Frauen zur Folge gehabt. Ich weiß bis heute nicht, wofür Hasen und Kaninchen gut sind, bis auf Töchter glücklich machen. Mein Vorschlag, den »German Lop« Lenin oder wenigstens Schröder zu taufen, wurde mit 3:1 Stimmen abgebügelt, und aus Gründen, die uns allen entfallen sind, nannten wir ihn Rudi.

Rudi war und ist tatsächlich ein besonderer Hase, wie mir die ältere Tochter glaubhaft versicherte. Er kann ein Ohr hängen lassen und das andere steil in die Luft stellen. In solchen Momenten erinnert Rudi an einen Lotsen auf dem Rollfeld, der Flugzeuge ans Gate winkt. Außerdem kann man Rudi auf den Rücken legen und wie ein Baby durchs Haus tragen; er geht freiwillig in die Demutshaltung und schließt sofort die Augen, was nicht unbedingt für seine Intelligenz spricht, aber in der Tat ganz putzig ausschaut und einen prima Vorführeffekt bei Gästen hat. Rudi war als Hasenbaby von seiner Mutter ausgestoßen worden, und der Züchter hatte sich seiner angenommen und ihn auf dem Rücken liegend transportiert, und daran fand das Tier Gefallen. Des Weiteren brachten ihm die Töchter kleine Kunststücke bei. Als die ältere einmal unter Grippe litt und im Bett lag, band sie Rudi ein Brieflein ans Ohr, »Mama, kannst du mir Tee bringen?«, und der Hase apportierte die Nachricht brav in die Küche.

Genau genommen haben wir sehr viele Haustiere. Sommers flattern gelegentlich Fledermäuse durch den Schornstein ins Haus; Feldmäuse sind zuweilen auch da und Eichhörnchen und Streifenhörnchen sowieso. Um ungebetenen Besuch kümmert sich alle paar Monate Mr. Higgins von der Firma »Terminix«. Mr. Higgins rückt mit einem weißen Truck an, schnallt sich eine Flasche auf den Rücken, als würde er tauchen gehen, setzt sich eine Maske auf und steigt hinab in die Untiefen unseres Kellers in den Stützpfeilerwald mit dem Kabelsalat, wo er die Flasche sprühend entleert. In amerikanischen Holzhäusern, in alten zumal, nisten nämlich gern Holzwürmer oder powderpost beetles, deren Lebenszweck darin besteht,

WOW...
American
Dog
Magazine
DAS SAGEN ALLE!
CHEFREDAKTEUR
TIL

Holzhäuser aufzufressen. Mr. Higgins muss während seiner Laufbahn bei »Terminix« trotz Schutzmaske reichlich von dem Giftstoff eingeatmet haben, denn er ist sehr vergesslich und erscheint zu den unmöglichsten Zeiten und in dem Glauben, vorher angerufen zu haben.

Hat er aber nie.

Die Frau hat ihn obendrein gewiss ein Dutzend Mal gebeten, auch etwas gegen Ameisen mitzubringen, weil sich ganze Straßen durch die Küche bis ins Bücherzimmer ziehen, wo Rudi seinen Käfig hat. Summa summarum müssen wir inklusive Rudi mehrere Tausend Haustiere haben. Von denen vor der Tür ganz zu schweigen. Die Streifenhörnchen-Population ist ungeachtet der fast täglichen Besuche von »Bad Cat« stattlich, unter der Terrasse wohnt ein Waschbär, dessen Augen im Dunkeln leuchten, im Sommer steht gelegentlich eine sechsköpfige Reh-Familie im Garten, in der als Garage fungierenden Gummihütte logierte zeitweilig ein Stinktier, das aber, dem Geruch nach zu urteilen, irgendwann das Zeitliche gesegnet haben muss. Danach zog ein Fuchs ein. Über dem Haus kreisen Falken, und in einer Sommernacht machte ein Braunbär im Garten Jagd auf ein undefinierbares Tier, das zunächst qualvolle Geräusche von sich gab und dann keinen Piep mehr.

Die Töchter konnten sich über Tiermangel in Amerika nie beklagen; wir hatten mehr als reichlich davon. Darunter die exotischsten Insekten und Grillen, groß wie kleinere Singvögel in Deutschland.

Ich habe mich an Rudi gewöhnt und würde es heute nicht mehr wagen, beim Mexikaner Kaninchen zu bestellen. Gute Freunde von uns zogen vor Jahren zurück nach Deutschland, auch sie Besitzer von zwei Hasen, die im Gegensatz zu unserem Haus-Hasen aber im Garten lebten. Kurz vor dem Rückflug starben die Nager auf sonderbarste Weise durch Blitzschlag oder Herzinfarkt nach Blitzschlag; so lautete die offizielle Version. Es war ein furchtbar trauriger Tag für ihre Kinder. Die Tiere wurden im Rahmen einer kleinen Prozession feierlich beigesetzt. Aber mich interessierte nur, wie unser Freund Martin es geschafft hatte, einen Blitzschlag zu bestellen, der punktgenau drei Tage vor dem geplanten Abflug beide Tiere auf einen Streich dahinraffen würde. Ich wandte mich mehrmals an ihn, ich nahm ihn beiseite, »unter uns, wie hast du's gemacht?«, aber Martin blieb bei der offiziellen Version, Tod durch Stromschlag, und er wohnte sogar der Trauerfeier bei.

Kurz nach der Doppelbestattung hatten wir lieben Besuch und kamen auf Rudi zu sprechen, der rücklings auf einem roten Kissen liegend wie eine Trophäe durchs Haus getragen wurde. Unser Gast fragte: »Wenn ihr nach Deutschland zieht, nehmt ihr ihn mit, oder machst du's wie Martin?« Er rechnete die Überführungsgebühren hoch und die Impfkosten und das Ticket und sagte, dass rein ökonomisch ein Hasen-Rücktransport der komplette Irrsinn sei. Ich lauschte interessiert. Die ältere Tochter hatte aus einiger Distanz unsere Diskussion verfolgt, nichts hören können, aber offenbar Gedanken gelesen. Sie hatte zwar längst ihre »Ich-will-Tierarzt-werden«-Phase abgeschlossen, aber immer noch ein Herz für Tiere, bis auf

Insekten. Sie guckte mich prüfend an und sprach »Don't even think about it«.

Rudi muss mit. Koste es, was es wolle. Es sei denn, ein Blitz kommt aus heiterem Himmel.

»It's a BLIZZARD!«
Wecker, Wetter und Lauschangriff

Das Wetter in Amerika beginnt morgens Punkt halb sieben mit einem entsetzlichen Schrei. Es ist ein Krähen aus einem gelben Wecker »made in China«, und der chinesische Hahn hört sich so an, als würde er jeden Morgen vorm Schreien in einer Legebatterie oder Guantanamo gefoltert. Man steht jeden Morgen um Punkt halb sieben senkrecht im Bett, mag aber den Folter-Wecker deshalb nicht entsorgen, weil er ein Geburtstagsgeschenk der jüngeren Tochter ist, an unseren ersten großen Urlaub erinnern soll und immerhin seinen Zweck erfüllt: Verschlafen unmöglich oder nur nach extremer Alkoholverköstigung. Der erste Blick aus müden Augen schweift aus dem Fenster, und da ist es: das Wetter. Jeden Morgen, absolut zuverlässig zu jeder Jahreszeit. Denn anders als in, sagen wir, Oer-Erkenschwick oder Hamburg, wo das Wetter um diese Zeit noch schlaftrunken zwischen Dunkelheit und modriger Feuchtigkeit mäandert, ist das Wetter in Amerika um halb sieben schon aufgestanden und hellwach. Man könnte glatt den Wecker nach dem Wetter stellen. Meistens scheint im Übrigen die Sonne. Und wenn sie nicht scheint und es regnet oder schneit, ist das auch keine Frage von Tagen oder Wochen wie in Oer-Erkenschwick oder Hamburg, sondern eher von Stunden.

Früher in Hamburg war es so, dass wir uns über jeden nieselregenfreien Tag ungemein freuten und schon mal Ende März grillten in dem Glauben, dieser nieselregenfreie Tag sei der Hamburger Sommer gewesen. Was falsch war. Es gab dann Ende Juni noch einen nieselregenfreien Tag. Wir gehörten zu jener Spezies Mensch, die selbst bei 15 Grad und Nieselregen tapfer ins Freibad trabte. Und die Frau, aufgewachsen in London, der Hauptstadt des Nieselregens, sprach gerne den – neben »Draußen nur Kännchen« – deutschesten aller Sätze: »Es gibt kein schlechtes Wetter, es gibt nur unpassende Kleidung.«

Diesen Satz hat sie in Amerika nicht einmal benutzt. Wir hätten nie geglaubt, dass uns das Wetter jemals so beeinflussen würde. Wenn tropfnasse Freunde, Verwandte, Bekannte, Kollegen aus Deutschland anriefen und sich heiser nach dem Wetter erkundigten, griff die Frau aus Mitleid schon mal zu Notlügen, »och, für morgen haben sie Schauer angesagt«, selbst wenn das gar nicht stimmte und wir sogar im Oktober noch 25 Grad hatten. Einmal hatten wir sogar im Januar 22 Grad, aber das war uns – Global Warming!! – dann doch unheimlich und fast peinlich.

Am Wetter wie an Gott kommt niemand vorbei in Amerika. Ganze Berufskarrieren gehen zurück aufs Wetter. Vor allem natürlich im amerikanischen Fernsehen, wo Nachwuchsreporterinnen zu Beginn ihrer Laufbahn Hochs und Tiefs verlesen und darauf hoffen, aufzusteigen mindestens zum »Money-Honey«, um fortan Hochs und Tiefs an der Wall Street zu verlesen. Das Wetter ist ein prima Sprungbrett. Der Hurrikan »Katrina« spülte einen New Yorker Dandy vors CNN-Mikrofon, der sehr telegen weinen kann und aussieht wie Schwiegermutters Liebling. Anderson Cooper ist nun ein Star in Amerika. Er steht bei jedem Sturm und bei jedem Stürmchen im Wind, er ist überall und zwar gleichzeitig. Er ist wie Genscher früher. Wenn Anderson Cooper gerade nicht auf CNN sabbelt, wird er garantiert auf irgendeinem anderen Kanal darüber interviewt, wie es ist, Anderson Cooper zu sein.

Überhaupt setzte »Katrina« neue Maßstäbe – leider auch journalistische. CNN ist seither in den USA zu einem Wettersender degeneriert. Sie berichten ausführlichst noch über jeden Sturm im Wasserglas, zumindest in Amerika. Vergleichbare Stürme in beispielsweise Mexiko oder Guatemala interessieren weniger. »Katrina« war fraglos eine Katastrophe, aber wie geschaffen fürs Fernsehen. Als wenige Wochen nach »Katrina« der Sturm »Rita« erwartet wurde, schaukelten sie sich in der Sendezentrale in Horrorszenario-Höchstform, und die Sendungen liefen unter dem Rubrum »State of Emergency«. Sie hofften wohl insgeheim auf »Katrina II«, durften das aber nicht sagen. Nur war »Rita« nicht annähernd so verheerend wie »Katrina«, und in ihrer Not postierten die CNN-Leute einen Reporter in einen Windtunnel, und ein anderer stand im Windschatten eines Hotels in Beaumont, Texas, und zeigte unentwegt auf einen wackelnden Baum, und seine Stimme über-

»Indian Summer«

schlug sich, als sich endlich, endlich, eine Wasserpfütze kräuselte.

Beim Wetter können, dürfen, müssen eben alle mitreden. Selbst wir. Deshalb nun ein kurzer Wetterabriss fürs ganze Jahr:

Der Winter hier ist noch ein richtiger Winter mit Temperaturen weit unter null, weshalb bei uns eben gerne die Rohre platzen. Der Sommer ist ein richtiger Sommer mit viel Sonne und Temperaturen weit über dreißig, was für den Mann nur von zweifelhaftem Vergnügen ist, weil er eine unverkennbare Tendenz zur Rothaut besitzt, mithin schnell verbrennt und eine Spur wie eine Python nach ihrem Häutungsritual hinterlässt. Der Herbst ist bunt und klar, und man wünschte sich, es wäre immer Herbst, weil man solche Herbste nie erlebte in Hamburg oder Oer-Erkenschwick. Der Frühling in Amerika schließlich kommt dem deutschen Durchschnittssommer sehr nahe: nass, kalt, ungemütlich, zuweilen Schnee wie auf dem Feldberg. Andererseits dauert der Frühling auch nie lange; er ist, dolle Erfindung der hiesigen Wettermacher, gewissermaßen der fließende Übergang vom Winter in den Sommer.

Auf das Wetter ist Verlass.

So viel zu den Vorteilen des hiesigen Wetters.

Dummerweise ist aber auch auf Unwetter Verlass in diesem Land. Man kann die Uhr nach ihnen stellen. Manchmal unterbrechen sie im Fernsehen laufende Sendungen, und ein tiefer Brummton setzt ein – danach wird eingeblendet, wann genau ein Sturm über unsere kleine Stadt zieht, und das tut er dann meistens auf die Sekunde genau. Früher in Deutschland hätten wir uns um Stürme und Regen nicht geschert. Aber in Amerika ist das anders. Sturm ist schlecht, ganz schlecht. Das wussten wir nicht, als wir aus der norddeutschen Tiefdruckebene an die amerikanische Ostküste zogen. Wir waren ziemlich naiv.

Wenn sich nun so ein Tiefdruckgebiet der Ostküste nähert, machen die Wetteransager im Fernsehen ein besorgtes Gesicht. Unser lokaler Wettermann heißt Joe Rayo vom Kanal 12. Rayo muss sein Leben lang lokaler Wettermann gewesen sein; er ist geschätzte Mitte fünfzig und hat es nie bis zum »Money-Honey« geschafft. Vielleicht liegt es daran, dass Joe so ausschaut, als habe er früher für den Windkanal moderiert. Sein Grauhaar sitzt etwas schief auf einem auch leicht schiefen Gesicht, und es kann sogar sein, dass es gar kein echtes Grauhaar ist. Jener Joe jedenfalls zeigte während unseres ersten Winters mit dem Zeigefinger bedeutungsvoll auf eine grüne, rotierende Masse, die sich unserer kleinen Stadt näherte, und er sagte mit bekümmertem Ton: »Folks, it's a BLIZZARD!«. Blizzard hört sich allemal imposanter an als das deutsche Pendant »vereinzelter Schneefall«, obschon oft ein und dasselbe. Man muss dazu wissen: Schnee ist immer gleich »BLIZZARD!« und wenigstens »Snow-Storm« in den USA. Amerikaner lieben nämlich Superlative und Übertreibungen. Was auch erklärt, warum sie zuweilen harmlose Aluminiumrohre für Massenvernichtungswaffen halten und fremde Länder überfallen.

Das Problem mit dem Schnee in Amerika ist nicht der Schnee. Das Problem ist: Sobald die ersten Flocken fallen oder Joe Rayo oder Anderson Cooper oder sonstwer im Fernsehen davon redet, steigen unsere Mitbürger in ihre Autos, eilen zum nächstbesten Supermarkt und kaufen Wasser und Konservendosen in solchen Mengen, als gäbe es kein Morgen mehr. Wir wunderten uns anfangs auch über David und Myra, unsere lieben Anrainer zur Linken, vernünftige Menschen an sich. Aber kaum erwähnt auch nur jemand »snow«, neigen auch sie zur Hysterie und zum Hamstern. Was haben wir gelacht im ersten Jahr, »die spinnen, die Amis«.

Wir lachen nicht mehr.

Denn wenn endlich Schnee fällt, knicken die Strommasten, und dann wird es dunkel und kalt, und deshalb, nur deshalb eilen die Amerikaner selbst bei der zartesten Andeutung von Schnee, »BLIZZARD!!!«, in den Supermarkt und kaufen ein für den Weltuntergang. Bei Stromausfall, »BLACKOUT«, funktionieren in den Geschäften die Kassen nicht mehr, und im Kopfrechnen sind die amerikanischen Kassierer keine Leuchten. Also machen die Geschäfte dicht. Bis der Strom wiederkommt.

Was dauern kann. Das ist das Problem.

Stromausfall, »BLACKOUT« durch Schnee, »BLIZZARD!!!« kann durchaus etwas Romantisches haben. Kann. Muss aber nicht. Unsere erste Weihnacht in der Neuen Welt war weiß und stromfrei. Wir saßen bei Kerzenschein beisammen über halbgarer Gans und fühlten uns anfangs ganz furchtbar romantisch, »ist es nicht schön?« Draußen rieselte der Schnee, und drinnen wurde es langsam kalt, und irgendwann fluchte man auf die ganze Romantik und die blöde Gans, halbgar, und die Kerzen und schickte Stoßgebete gen

Schneewolkenhimmel – »Herr, erleuchte uns«, aber es wurde kein Licht.

So viel zu den Nachteilen des hiesigen Wetters.

Wir waren furchtbar blauäugig am Anfang, begriffen aber flott, warum uns von der Schule eine »Snow-Emergency«-Liste ausgehändigt wurde, eine Telefonketten-Aufstellung. Wenn Schnee fiel, »BLIZZARD!«, klingelte morgens um kurz nach sechs, noch ehe der gefolterte Hahn krähen konnte, das Telefon – schulfrei. Wenn in diesem Land auf irgendwas Verlass ist, dann auf den Sturm. Meistens jedenfalls.

Nur einmal war kein Verlass auf den Sturm. Er kam überraschend und unangemeldet und ohne Warnung. Vermutlich hatte Joe Rayo vom Windkanal auch nur seinen freien Tag. Der Sturm kam morgens und erwischte meinen Freund, den Baum. Er fiel morgens um neun. Der Baum war eine sehr alte und sehr große Kiefer, und an sich würde man vermuten, dass alte und große Kiefern nicht so leicht umfallen, selbst bei Stürmen mit Windböen um die 100 Stundenkilometer. Nicht mal Bäume können sie hier bauen.

Die Zeit der Stürme war eigentlich vorüber an der Ostküste, aber auf die Natur, Global Warming!!, ist eben auch kein Verlass mehr, und also stürmte es, und Bäume kippten, und die Strommasten knickten, und Telefonleitungen krachten, und unsere notdürftige Gummigarage neben dem Haus drohte wegzufliegen bis mindestens nach Connecticut. Weshalb die Frau den Wagen flott auf eine Querverstrebung fahren wollte, aber er sprang nicht an; auf Autos ist auch kein Verlass mehr. Zündung hin, Batterie leer, 700 Dollar.

Ein Unglück kommt selten allein.

Unsere Freunde meldeten sich nachmittags um vier, kein Strom. Ob sie vielleicht vorbeikommen und sich etwas aufwärmen könnten. »Natürlich!!!«, rief die Frau des Hauses. Es war Mitte Januar, es war kalt. Unsere Freunde kamen danach jeden Abend, weil über Tage hinweg kein Strom daheim, und bei uns sah es ein bisschen aus wie in den Notunterkünften von New Orleans. Wir wissen jetzt sehr genau, was stromern bedeutet. Stromern ist die Suche nach Strom.

Strom in den USA ist ohnehin eine vertrackte Sache. Die Arbeiter unseres örtlichen Stromlieferanten Con Edison sind sämtlichst in der Gewerkschaft organisiert, wogegen per se nichts zu sagen wäre. Die Gewerkschaft aber hat ausgehandelt, dass ihre Leute an Wochenenden doppelten Lohn bekommen. Was selbstverständlich dazu führt, dass lediglich an Wochenenden gearbeitet wird. Vor dem Haus unserer Freunde stand tagelang ein Jeep von Con Edison, und darin saß ein einsamer Mensch und las Zeitung oder schlief. Nichts gegen Zeitunglesen und Schlafen während der Arbeitszeit. Aber die 40 000 stromlosen Menschen in unserer Gegend brachten entschieden weniger Sympathie für die Wagenschläfer auf. Und die Sympathie sank stündlich.

Donnerstags, zwei Tage nach dem Sturm, begab ich mich in einen kleinen Kaffeeladen. In dem Shop stand ein Mann von Con Edison und schlabberte Kaffee. Er ähnelte George W. Bush. Er lächelte genauso blöd wie der Präsident, er stand genauso breitbeinig wie der Präsident. Ich kam dennoch ins Gespräch mit ihm und sagte: »Du musst ja ordentlich beschäftigt sein.« Aber der Con-Edison-Bush war bereits seit zwei Stunden in dem Kaffeeladen, und er flötete: »Nö, eigentlich nicht«. Draußen lagen Strommasten auf der Straße, aber der Kerl war die Ruhe selbst wie George W., als New Orleans absoff. »Ab Samstag«, sagte er schließlich, »ab Samstag wird's wieder richtig hart.« In diesem Moment hätte ich ihm am liebsten eine gelangt oder ihm wenigstens den Schlabberkaffee ins Gesicht gegossen, aber stattdessen sagte ich »have a nice day« und ließ die Faust in der Tasche und stieg draußen vorsichtig über züngelnde Stromkabel.

Unsere lieben, stromlosen Freunde kamen schließlich auch morgens zum Duschen, zwei Erwachsene, zwei Kinder, ein Hund. Nach dem Duschen gab es ein reichhaltiges Frühstück, dann ging jeder seines Weges. Abends trafen wir uns wieder zum Essen. Die Frau kochte inzwischen ganze Kessel, und mich hätte es nicht gewundert, wenn Wäscheleinen quer durchs Wohnzimmer gelaufen wären oder Hühner. Kinder kreischten, der Fernseher lief, Bush hielt eine Rede über Terrorismus. Er sah aus wie der Con-Edison-Mann. Zuweilen wünschte ich mir Stromausfall.

Die Frau war dagegen immer sehr freundlich. Sie sagte Dinge wie: »Stell dir vor, wir hätten keinen Strom, dann müssten wir auch zu Freunden.« Oder sie sagte: »Stell dir vor, der Baum wäre nicht auf die Einfahrt, sondern aufs Haus gefallen.« Und dass überhaupt alles viel, viel schlimmer hätte kommen können, Mann unterm Baum zum Beispiel. Bei Licht betrachtet, falls vorhanden, lag sie nicht einmal falsch. Denn wenn die Telefone nicht funktionieren, können die Spähtrupps der US-Regierung auch keine arglosen Bürger abhören. Das machen sie nämlich gern seit dem 11. September auf der Hatz nach Verdächtigen, und verdächtig ist erst mal jeder. Sie lauschen und lauschen und lauschen, und die Hälfte der Amerikaner meint, das sei in Ordnung, und folgt damit der unnachahmlichen Logik ihres Präsidenten, der sprach: »Wenn ein Terrorist in den USA anruft, möchten wir wissen, wen er anruft.«

Die andere Hälfte der Amerikaner fragt sich, warum so ein Terrorist überhaupt in Amerika anrufen kann und nicht im Knast sitzt, wenn die Agenten doch seine Telefonnummer kennen. Millionen von Telefonaten wurden und werden abgehört und analysiert, und das FBI beklagte sich, dass sie in Arbeit ersticken und viele der verdächtigen Telefonnummern zu ordinären Pizzabuden gehörten.

Unser Sturm brachte den überlasteten Spähern der Bush-Regierung immerhin eine Terz Entspannung – kein Strom, kein Telefon, kein Lauschangriff in dieser Gegend.

So viel zu den Vor- und Nachteilen des hiesigen Wetters.

Eine Woche nach dem Sturm kam ein Gärtner und zersägte meinen Freund, den Baum. Er brachte zwei seiner Angestellten mit und brauchte vier Stunden. Fünf Tage nach dem Sturm hatten unsere Freunde wieder Strom, und es wurde gespenstisch ruhig in unserem Haus. Die Con-Edison-Leute waren auch verschwunden und schliefen dem nächsten Sturm entgegen. Nur die Regierungsagenten mussten wieder ran und lauschen und lauschen und lauschen. Es hätte ja sein können, dass so ein Terrorist wieder Pizza bestellt, und in diesem Fall wollte der Präsident schon im Namen der nationalen Sicherheit wissen: »Margherita« oder »Calzone«.

Kreuzigung zweimal täglich
Weihrauch, Saurier und Gott

Wir sind keine besonders religiöse Familie und insofern verhaltensauffällig in Amerika. Die Frau ist offiziell Katholikin, kommt aber schon bei der Liturgie ins Straucheln und leidet unglücklicherweise an einer Weihrauchallergie, was den Genuss katholischer Messen erheblich reduziert. Erinnerungen an frühkindliche Kirchenbesuche sind geprägt von leichten Übelkeitsgefühlen qua Weihrauch, nicht eben schön. Insgesamt aber schätzt sie das Prozedere eines katholischen Gottesdienstes mehr als das in der evangelischen Kirche. Schon deshalb, weil Katholiken unentwegt aufstehen müssen und knien und wieder aufstehen und der sportliche Charakter einer katholischen Messe beträchtlich über dem vergleichbarer Veranstaltungen anderer Konfessionen liegt.

Der Mann ist von Haus aus Protestant, längst eher passiver Protestant. Als Jugendlicher ging ich freiwillig und einigermaßen verlässlich in die Kirche, weil unser Pfarrer stets aktuelle Geschehnisse in der Fußball-Bundesliga und speziell seinen Lieblingsverein 1. FC Köln in die Predigten einbaute. Mir ist bis heute schleierhaft, wie er das Woche für Woche schaffte, ausgerechnet 1. FC Köln. Borussia Dortmund, klar! Aber Köln? Vermutlich gelang ihm das mit himmlischer Unterstützung. Es machte die Predigten auf jeden Fall sehr unterhaltsam, und manchmal wetteten wir schon vor dem Kirchgang, wie er das samstägliche 0:4 gegen Mönchengladbach mit christlichem Anstand würde verarbeiten können. Er konnte.

Überhaupt war unser Pfarrer ein hervorragender Fußballspieler. Montagabends pflegten wir hinter dem Gemeindehaus auf einem Rasenplatz zu bolzen, und der Pastor schoss immer die meisten Tore und benötigte dafür nicht ein einziges Mal die Hand Gottes. Respekt.

Im Laufe der Jahre und nach vielen Umzügen quer durchs Land schwand das Interesse an der Kirche. Die Töchter kamen auf die Welt, die ältere wurde sogar noch ordnungsgemäß getauft, was wir bei der jüngeren versäumten und vor uns her schoben, »das holen wir irgendwann nach«. Wir stiegen schließlich ab in die Sparte der Einjährigen. Jener in Europa verbreiteten Gattung Kirchensteuerzahler, die sich einmal pro Jahr ins Gotteshaus bewegt, vornehmlich zu Weihnachten und schon aus Gewissensgründen. Die Kinder fanden die jährlichen Besuche in der Kirche erst aufregend, dann zunehmend langweilig. Wir stellten auch unsere jährlichen Besuche ein, als sich die ältere Tochter, sie war da vier, während »Oh, du fröhliche« von der Hand des Mannes riss, Richtung Altar rauschte und zur großen Erheiterung aller anderen Einjährigen in der Kirche mit den Krippenfiguren Cowboy und Indianer spielte.

Im Sommer darauf besichtigten wir eine 1200 Jahre

alte Kirche auf der Fraueninsel im Chiemsee. Es war kühl in der Kirche, kalter, vermutlich 1200 Jahre alter Weihrauch hing in der Luft, und eine flüchtige Übelkeit beschlich die Frau. In den Bänken saßen betende Nonnen, die die ältere Tochter, immer noch vier, als solche aber nicht erkannte und ein »süüüß!, Pinguine!« durchs welke Gemäuer schickte. Die Pinguine lächelten milde, »Herr vergib ihr, denn sie wusste nicht, was sie rief«. Wir verließen die Klosterkirche fluchtartig.

Kirchenbesuche, sagen wir so, zählen nicht unbedingt zu den Stärken unserer Familie.

In Amerika nun kommt man an Gott nicht vorbei. Nicht mal der Schalker Dribbelkönig Stan Libuda wäre hier an Gott vorbeigekommen. Gott ist überall, die Kirchen sind voll, und es werden hier ständig neue gebaut, weil die Nachfrage das Angebot regelt. Und die Nachfrage ist groß. Man stellt das Radio an oder den Fernseher, und sie predigen rund um die Uhr aus Kirchen groß wie Sporthallen.

Die Töchter bemerkten auch flott, dass Amerika diesbezüglich ziemlich anders tickt als das heidnische Europa. Ich muss zu unserer Schande gestehen, dass wir die theologische Unterfütterung der Töchter sträflich vernachlässigt hatten. Wir wussten aber erst, was die Stunde geschlagen hatte, als die jüngere Tochter vor drei Jahren einigermaßen betreten vom Tanzunterricht zurückkehrte. Man muss wissen, dass wir in einer vorwiegend jüdischen Gegend wohnen. Schräg gegenüber von unserem Haus ist eine Synagoge, auch die stets voll wie alle Betstätten in Amerika. Es war die Übungsstunde vor Weihnachten, und die Ballettlehrerin erkundigte sich bei den Kleinen nach ihrer religiösen Orientierung, um ihnen entweder ein schönes Weihnachten oder aber ein Happy Hannukah zu wünschen. Also fragte sie: »Honey, are you Jewish?« Und die Tochter antwortete: »I don't know.« Die Lehrerin fragte noch mal: »So, you are a Christian?«, und die Tochter sprach abermals: »I don't know.« Daraufhin wünschte die Lehrerin allen Kindern politisch korrekt ein »Happy Holidays«.

Der Kleinen war ihre Ahnungslosigkeit sehr peinlich. Nicht annähernd so peinlich allerdings wie ihren Eltern, weshalb ich ein Machtwort sprach: »Wir müssen was tun. Sie muss schließlich wissen, was sie ist.«

Und also wurden gleich beide Töchter zum Konfirmationsunterricht angemeldet. »Wir machen das in einem Aufwasch, die Kleine wird getauft und zugleich konfirmiert. Zwei Konfirmationen, eine Taufe. Überaus praktisch«, sagte die Frau. Allein wegen des Besuches, Verwandte und Paten, die dann nicht zweimal über den Atlantik würden fliegen müssen. Das erschien uns allen logisch und sehr, sehr praktisch. Die Frau des Hauses ist überhaupt ein Organisationsgenie. Manchmal trägt sie ein blaues T-Shirt, auf dem in weißen Lettern »Heldin im Chaos« steht. Das charakterisiert unseren Haushalt recht treffend.

In der ersten Stunde des Konfirmationsunterrichtes in der deutschen Kirche in Manhattan fragte der Pfarrer die Kinder, warum sie konfirmiert werden wollten. Die meisten Kinder, gut gebrieft von ihren Eltern oder tatsächlich bibelfest, erzählten artig von Jesus und christlicher Neugier und Zugehörigkeit zur Gemeinde und einem Schritt Richtung Erwachsenwer-

Europäische Spiritualität in Amerika:
»The Pilger Gym«

den. Auch die ältere Tochter, obschon weniger gut gebrieft von ihren Eltern, kam unfallfrei durch diesen Frage-und-Antwort-Test. Als nun aber die Reihe an die jüngere Tochter kam, sprach die ehrlich: »Weil Mama sagt, wir machen das in einem Aufwasch. Taufe, zwei Konfirmationen. Das ist so praktisch.« Ihre Schwester schlug sich vor Scham die flache Hand gegen die Stirn, »Herr vergib ihr, denn sie wusste nicht, was sie sprach«.

Auch das war gewiss keine Sternstunde christlicher Erziehung, und abends meldete sich der Pfarrer am Telefon, lobte ausdrücklich die Offenherzigkeit der Kleinen und schlug vor, dass sie mit dem Konfirmationsunterricht vielleicht doch ein, zwei Jahre warten solle, um in dieser Zeit noch ein Stück religiöse Reife zu gewinnen. Er ruinierte damit zwar den sorgsam entwickelten Plan der Heldin im Chaos, aber man konnte ihn doch irgendwie verstehen, denn Gott und Religion sind ja eine ernste Angelegenheit, speziell in Amerika, wo Ernie Chambers, ein Staatssenator aus Omaha, Nebraska, sogar den Schöpfer verklagte wegen der vielen Hurrikane und Tornados in God's own country. Das Verfahren läuft noch, und bislang ist nicht klar, wie die Verteidigungsstrategie des Herrn aussieht.

Die vom Pastor verordnete Karenzzeit erlaubte uns immerhin, den Töchtern Religion im Allgemeinen und Religion in Amerika im Besonderen etwas näherzubringen. Das taten wir fortan nach Kräften. Ich erzählte den Töchtern von Father Grange von der St. Jerome's Church in der Bronx, der sein Leben den Ärmsten der Armen und speziell den illegalen Einwanderern verschrieben hat. Der Messen auf Englisch und Spanisch hält und von der Kanzel gegen den Krieg predigte, weil es wieder die Ärmsten erwischen würde, »Senatoren schicken ihre Söhne und Töchter nicht in den Irak«. Der sich mit dem Kardinal anlegte und ein unbequemer Gottesmann ist, immer auf der Seite der Geknechteten. Father Grange gehörte zu den beeindruckendsten Menschen, die ich je getroffen habe. Die Frau erzählte anschließend von der sozialen Funktion der Kirche und der »Church of the Holy Apostles« in Manhattan, die Obdachlose seit 25 Jahren mit warmen Mahlzeiten versorgt, mehr als eine Million bis heute. Die Töchter waren fasziniert.

Ganz besonders viel aber erfuhren die beiden auf unseren Reisen, wo man an Gott auch nie vorbeikommt und Verkehrsschilder wie »God allows U-Turns« an Bäumen pappen sieht. Denn 77 Prozent der Amerikaner bezeichnen sich als Christen, und mit 62 Prozent der Bevölkerung glauben mehr Bürger an den Leibhaftigen als an Darwin. Die Bürgermeisterin des Örtchens Inglis, Florida, ließ vor Jahren den Teufel sogar offiziell verbannen, indem sie Plakate aufstellte und kraft ihres Amtes erklärte, Inglis sei damit ein für allemal besenrein vom Bösen. Erst als sich das Fernsehen über die satanischen Verse lustig gemacht hatte, verschwanden die Plakate. Die US-Bundesstaaten Arizona, New Mexico und Colorado drängten erfolgreich auf die Umbenennung von »Highway 666« wegen der vermeintlich diabolischen Zahlenkombination aus dem Buch der Offenbarungen. Und: Gut die Hälfte der Gläubigen glaubt, dass Gott die Erde in sechs Tagen schuf und das Weltenende, Armageddon, unmittelbar bevorsteht. Diese wörtliche Auslegung der Bibel, der Kreationismus, erfreut sich außerordentlicher Popularität im evangelikalen Amerika und hat mit »Intelligent Design« sogar einen wissenschaftlich verbrämten Oberbegriff gefunden. Im Kern läuft alles auf einen Punkt hinaus: zurück in die Steinzeit.

Wovon unsere Kleinfamilie sich in Petersburg, Kentucky, überzeugen konnte, wo das größte »Creation Museum« des Landes errichtet wurde. Es ist ein gigantischer Bau von 5500 Quadratmetern mit 160 Mitarbeitern drin und allerlei beachtlichen Exponaten. Sie haben eine Menge Gummi-Dinosaurier dort, was das Interesse der Kinder an diesem Museumsbesuch zunächst sehr beflügelte. Zu ihrem Erstaunen war ein Dinosaurier, ein Triceratops, wie die ältere Tochter sofort erkannte, gesattelt wie ein Pferd, und eine freundliche Dame gesetzten Alters erklärte den europäischen Besuchern, dass Mensch und Dinosaurier früher vor 6000 Jahren, als Gott die Erde schuf, friedlich koexistierten und sich der Mensch den Dinosaurier Untertan machte wie eben auch Hund und Pferd. An das friedliche Miteinander von Mensch und Saurier mochte der europäische Besuch nicht zwangsläufig glauben, da der gesattelte Triceratops, der entfernt an ein Rhinozeros erinnerte, mit seinen Hörnern und Höckern kaum ausschaute, als habe er seine Erfüllung im Transport von Menschen gefunden, ein urzeitlicher Bus mithin. Reiten heutzutage Menschen auf Nashörnern? Die ältere Tochter, gestählt durch heidnischen Erdkunde-Unterricht, fragte die freundliche Dame, wie es möglich sei, dass Menschen auf Reptilien reiten konnten, die doch vor 65 Millionen Jahren nach einem Meteoriten-Einschlag ausgestorben seien. Und die Dame sagte: »Siehst du, das ist der Fehler. Vor 65 Millionen Jahren gab es die Erde noch nicht.« Die jüngere Tochter, sehr pragmatisch und im Wesen ihrer Mutter sehr ähnlich, wollte wenigstens wissen, ob es vor 6000 Jahren, als Gott die Erde schuf, denn schon englische Sattel gegeben habe wie jenen auf dem Triceratops. Und die freundliche Dame sagte: »Das musst du eher sinnbildlich begreifen.« Begriff sie aber nicht.

Viele Menschen waren in diesem Museum und fotografierten ihre Kinder vor dem gesattelten Saurier, aber man kann nicht behaupten, dass der Ausflug nach Kentucky die jüngere Tochter auf ihrem Weg zur christlichen Reife entscheidend nach vorn gebracht hätte. Es war eher ein Schritt zurück in die Steinzeit. »Spinnen die?«, fragte sie im Auto, und die Frau des Hauses sagte zögerlich: »Nun ja: Ja«.

Auf diese Weise bekamen die Töchter zumindest ihren ersten Einblick in die Debatte um Darwin und Evolution; es ist eine große in Amerika. Die Debatte schaffte es sogar in den Wahlkampf, wo sich drei Republikaner zum Kreationismus und gegen Darwin bekannten. Nun ist im Wahlkampf eigentlich alles erlaubt, selbst das Leugnen wissenschaftlicher Erkenntnis. Im Wahlkampf überbieten sich die Kandidaten, Republikaner wie Demokraten an Gottesfürchtigkeit, und das tun sie derart erbittert, dass man an ihrer Nächstenliebe ernsthaft zweifeln muss. Wahlkampf ist eine Leistungsschau des Glaubens. Denn siehe, ins Weiße Haus schafft es nur, wer Amerika davon überzeugen kann, Gott an seiner Seite zu haben. Darüber wachen diverse evangelikale Organisationen, die einmal im Jahr zum »Value Summit«, dem Werte-Gipfel, nach Washington D.C. bitten, wo sie insbesondere die republikanischen Spitzenpolitiker auf Tauglichkeit abklopfen. Tauglich ist grob, wer Abtreibung und Homosexualität als Sünde sieht, Stammzellenforschung ablehnt und ans nahende Weltenende glaubt. Die meisten Republikaner sind tauglich.

Es gehört aber zu den großen Rätseln, warum ausgerechnet und immer wieder republikanische Kongressmänner und Senatoren dabei ertappt werden, wie sie jungen, männlichen Praktikanten nachsteigen oder auf Flughafen-Toiletten mit dem Nachbarn füßeln, der aber bedauerlicherweise kein Schwuler ist, sondern Zivilbeamter der Polizei. Das passiert in schöner Regelmäßigkeit, und es passiert immer, immer, immer Republikanern, aber so was wird auf dem Wertegipfel in Washington nie diskutiert.

Schließlich, auch der Präsident war von Lastern nicht frei und ließ den lieben Gott lange einen guten Mann sein. Seine Suche nach dem Sinn des Lebens dauerte auf den Tag genau 40 Jahre. Bush, kein Vorwurf, war Spirituosen mehr zugewandt als Spiritualität, aber am Morgen seines 40. Geburtstages nach durchzechter Nacht, so ist es überliefert, entsagte der künftige Präsident dem Alkohol, »Goodbye Jack Daniels, Hello Jesus«.

Und dann rief ihn der gute Mann. Gott.

Das war 1998, und George W. Bush saß eines Sonntags mit seiner Mama Barbara in der »Highland Park Methodist Church« von Dallas. Der Pfarrer redete über Moses und den Auszug des Volkes Israel aus Ägypten, »*... das Volk verlangte nach Führerschaft, es hungerte nach Führern mit ethischer und moralischer Courage ...*«. In diesem Moment, sagte Bush rückblickend, »habe ich den Ruf gehört. Ich glaube, Gott will, dass ich Präsident werde«. Es kann aber auch sein, dass Bush junior lediglich seine Mama hörte. Auch Barbara lauschte den Worten des Pastors, drehte sich um zum Spross und flüsterte: »Hörst du, Er spricht zu dir.« Mit »Er« meinte sie den Pfarrer, nicht Gott.

Der Rest ist bekannt.

Solche Geschichten erzählten wir den Töchtern auf unseren Fahrten durchs Land zur christlichen Untermauerung. Wir hörten im Radio Radikalprediger, die gegen Schwule geiferten und gegen Sex vor der Ehe schäumten, und die ältere Tochter fragte: »Ist Sex jetzt auch schon Sünde?« Wir sprachen über Gott und die Welt auf dieser Fahrt, und schließlich erzählte ich den Kindern, wie ich einmal auf der Suche nach den theologischen Wurzeln dieses Landes Jesus traf. »In echt?«, fragte die Jüngere, und ich sagte: »Nun ja ...«

Mein Treffen mit Jesus ereignete sich im biblischen Themenpark »Holy Land Experience«, einer Art biblischem Disneyland in Orlando, Florida, mit nachgebautem Tempel und Markt, Via Dolorosa und Giftshops, Golgatha und Fressbuden. Jesus saß an einem Brunnen in der Altstadt von Jerusalem, und Kinder um ihn herum fragten: »Hey, bist du Jesus?« Er trug ein langes, graues Baumwollgewand, die braunen Locken fielen ihm auf die Schulter. Er aß einen Hamburger mit Pommes und schaute aus klaren, blauen Augen und tätschelte Kinderköpfe.

Jesus hieß im richtigen Leben Les Cheveldayoff

und war zuvor Pilot von Frachtflugzeugen. Aber weil es – wie Adorno korrekt feststellte – kein richtiges Leben im falschen gibt, erhörte er den Ruf Gottes, kündigte seine Pilotenstellung und spielt seitdem den Gottessohn im »Holy Land Experience«.

Es war ein brüllend heißer Samstag, und Samstage waren für Les/Jesus besonders anstrengend, weil er gleich zweimal gekreuzigt werden musste im Passionsspiel. Mittags um 12 und nachmittags um kurz nach 3 für jeweils zwanzig Minuten. Was bei aller Routine doch stets eine gewisse Vorbereitung erforderte, mental und körperlich. Er ließ sich von einer Assistentin blutrote Peitschenstriemen auf den Astralkörper malen, warf noch ein wenig Staub über Brust, Rücken und Beine, schulterte einen massiven Holzbalken und machte sich auf den Leidensweg: am Brunnen rechts, die Via Dolorosa runter, vorbei an Simeons Eiscremestand und geradewegs nach Golgatha. Tausend Besucher erwarteten eine ordentliche »crucifiction« und »resurrection«, Kreuzigung und Auferstehung für ihre 29,99 Dollar Eintritt, Kinder ermäßigt. Jesus gab sein Bestes. Er wurde ans Kreuz gebunden, starb Punkt 15.40 und stand um 15.45 Uhr wieder auf. Begeisterung im Publikum. So gehet hin in Frieden, eine Stunde später war Feierabend im Heiligen Land.

Ich erzählte den Kindern auch, wie ich auf eben jenem Trip einer Gruppe von Muskelprotzen begegnete, dem Power-Team, die im Namen Gottes durchs Land tingelten, Kirchen und Gemeindesäle füllten und darin Ziegelsteine mit der Handkante zerschmetterten und Baseballschläger zerbrachen und Eisenstangen zerbogen und Telefonbücher zerrissen und Wärmflaschen so lange aufpusteten, bis die zerplatzten. Die 16 Mitglieder des Power-Teams kamen aus ganz Amerika, sie reisten in Gruppen zu viert und lebten von Spenden. Das war ihre Mission, ihr Kreuzzug. Einer von ihnen hieß Willie und nannte sich »menschlicher Frachtzug«. Willie schnappte sich einen Baseballschläger und brach ihn entzwei. »Dieser Baseballschläger«, sagte er, »repräsentiert die Arme Satans«. Das Böse, »the Evil«, sei überall, und der Auftrag sei zurückzugewinnen, »was uns das Böse genommen hat«. Danach rollte Willie noch eine Bratpfanne zusammen wie einen mexikanischen Burrito. Er hätte auch bei »Wetten, dass?« auftreten können.

Die Töchter lauschten gespannt, und die Kleine fragte: »Gibt's denn nichts Nettes?«, und als sei ihr Flehen von einem höheren Wesen erhört worden, lief kurz drauf in den Radionachrichten als Spitzenmeldung, dass der landesweit bekannte Prediger Ted Haggard, Vorsteher der Megakirche »New Life Church« in Colorado, von seinen Ämtern zurückgetreten sei. Reverend Haggard war ein Prediger der alten Schule – er geiferte gegen Abtreibung, aber meistens wütete er gegen Schwule, »Sünde, Sünde, Sünde«. Ich hatte mehrmals versucht, den Reverend für ein Gespräch zu gewinnen, war aber im Vorzimmer stets an seiner Tochter Carolyn gescheitert, welche dem Europäer freundlich bedeutete, ihr Vater sei »busy, busy, busy«. Was wohl stimmte. Nun war der Reverend verpfiffen worden von einem Callboy, mit dem er – teile und gebe – Koks schnupfte und, Sünde, Sünde, Sünde, Sex hatte. Zwischen Gott und bigott liegen zuweilen nicht mal zwei Buchstaben. Mann und Frau lachten ausgiebig, und die Töchter schüttelten die Köpfe.

Wir kamen gegen Ende noch in den schönen Bundesstaat Utah, Heimat der Heiligen der Letzten Tage, vulgo: Mormonen. Eine Religion, die praktischerweise auch in Amerika erfunden wurde vom Propheten Joseph Smith, der es im Laufe seines jäh durch Lynchjustiz beendeten Lebens auf stattliche 112 Offenbarungen brachte, weit mehr als die Hälfte davon ökonomisch-politischen Inhalts. Denn siehe: Mammon und Mormonen, das passt schon. Und weil die Heiligen der Letzten Tage nicht rauchen, nicht trinken und vorehelichem Sex entsagen, haben sie mehr Zeit fürs Wesentliche, nämlich für die Arbeit, und schufen ein immenses Imperium aus Banken, Krankenhäusern, Hotelketten und Ländereien und Farmen, Fernseh- und Radiostation. Aber das ist noch gar nichts, denn die Heiligen vermehren sich auch rege. Auf herkömmliche Weise und vermutlich via Missionarsstellung einerseits, weil traditionell lendenstark und pillenfeindlich. Und andererseits durch erstaunlichen Zulauf: Keine Religionsgruppierung wächst schneller auf dem Planeten.

Also begaben wir uns in Salt Lake City zu einer Führung auf den Temple Square. Viele junge Missionare aus der ganzen Welt bevölkern den Platz, ein Dauerlächeln liegt auf ihren Gesichtern. Unsere Missionarin hieß Marisa, Amerikanerin, aus Colorado Springs. Marisa dozierte dauerlächelnd über den Propheten Smith, dem einst ein Engel erschien und der reklamierte, zehn Platten aus massivem Gold mit frischen göttlichen Weisungen in einem Waldstück in Upstate

New York gefunden zu haben. Und Marisa sprach dauerlächelnd darüber, wie Jesus nach seiner Wiederauferstehung nach Amerika übergesetzt sei, der erste Immigrant mithin, und hierzulande die Indianer missionierte. Die ältere Tochter räusperte sich mehrmals, um einem Lachkrampf vorzubeugen, die jüngere rollte mit den Augen. Marisa fragte: »Noch Fragen?« Und prompt meldete sich die ältere mit einer Frage, die zugleich tief blicken ließ auf die binnenfamiliäre Diskussionskultur: »Jesus hat doch Wein aus Wasser gemacht, richtig? Warum dürft ihr dann keinen trinken?« Für einen Moment verschwand das Dauerlächeln aus Marisas Gesicht, aber dann fasste sie sich und antwortete: »Das war kein richtiger Wein, eher Traubensaft. Das musst du eher sinnbildlich begreifen.«

Im Auto fragte sie: »Spinnen die?« Und die Frau des Hauses sagte: »Nun ja: Ja«. Insgesamt aber führte der theologische Sinnstiftungsexkurs trotz gesattelter Dinos und verbuddelter Goldplatten zu zufriedenstellenden Ergebnissen. Wir besuchten – Weihrauchallergie hin und her – die katholische Messe von Father Grange in der Bronx und verstanden leidlich wenig, weil er sie auf Spanisch hielt. Aber die Idee zählte. Wir besuchten auch Gospelgottesdienste in Harlem, eine tief spirituelle und höchst empfehlenswerte Sangesveranstaltung mit eingebauter rhythmischer Klatsch-Gymnastik.

Das alles half sehr.

Die ältere Tochter wurde erfolgreich konfirmiert, die jüngere mit zwölf Jahren Verspätung getauft. Und beides, zur besonderen Freude der Frau, beides: in einem Aufwasch.

Scheidung durch Rentier
Thanksgiving, Kaufrausch und krumme Bäume

Jedes Jahr Ende November und kurz vor Thanksgiving läuft die Frau des Hauses zur Hochform auf. Sie kauft einen großen, unförmigen Vogel und verstaut ihn unter großen Schwierigkeiten im Kühlschrank. Thanksgiving ist das größte Fest in Amerika, wichtiger als Weihnachten, weil konfessionsübergreifend. Todd, Inhaber der »Liquor Pantry«, freut sich rund um Erntedank immer ganz besonders über die Frau, weil wir verlässlich das Haus voller Gäste mit europäischen Lebern haben und er dann das Geschäft des Jahres macht.

Das ist ein Ritual.

Thanksgiving ist ohnehin ein Fest der Rituale. Zwei Tage vor Thanksgiving schwebt stets ein großer, unförmiger Vogel mit dem LTU-Logo auf dem Schwanz ein in New York, darin Bettina sitzt, liebe Freundin aus Deutschland, nebenberufliche Hobby-Shopperin. Einen Tag vor Thanksgiving ist Gridlock-Day, Verkehrsinfarkt-Tag, weil Abermillionen Amerikaner auf dem Weg nach Hause zur Familie sind. Und der Präsident, selbst Bush, begnadigt rituell einen Truthahn.

Bei uns zu Hause werden keine Truthähne begnadigt. Bei uns ist vielmehr Ritual, dass wir uns rund um Thanksgiving regelmäßig streiten. Die Frau ist nämlich alle Jahre wieder nervös, ob der Truthahn auch für die vielen Gäste reicht, und neigt mitunter zum Erwerb eines Ersatz-Truthahns für den Fall der Fälle, der noch nie eingetreten ist, weil schon der Haupt-Truthahn im Laufe der Jahre immer größer wurde. Erst 15 Pfund, dann 17 Pfund, zuletzt 24 Pfund. Im allerersten Jahr machten wir den Fehler, Gans statt Truthahn zu braten, weil der Mann Gans irgendwie passender fand, aber 300 Millionen Amerikaner können nicht irren, und fortan kam Truthahn auf den Tisch, welchen die Frau nach einem Rezept aus dem Jahr 1780 zubereitet und ihn mit Mengen Bourbon übergießt und schwört, so stünde das in ihrem uralten Originalrezept, das sie vor Jahren aus einem deutschen (!) Magazin kopiert hatte. Jahr für Jahr schüttet sie mehr Bourbon über die immer größer werdenden Tiere, was Todd von der »Liquor Pantry« auch freut.

Am Tag der Tage will die Frau niemanden mehr in der Küche sehen, außer dem Haupt- und dem Ersatztruthahn, und wenn Anrufe kommen, hören wir sie aus der Küche schon mal ins Telefon sagen: »Ich kann jetzt schlecht, weil ich mit einer Hand hinten im Truthahn stecke«. Gegen halb fünf kommen die Gäste mit den europäischen Lebern, unser Rekord steht bei vierzehn, um fünf nach halb fünf kreisen die ersten Flaschen, um sieben wird das gigantische Tier aus dem Backofen geholt und rituell fotografiert. Das ist eine schöne Sitte, die fotodokumentarisch eindeutig beweist, dass unsere Truthähne über den Zeitraum von sechs Jahren die Größe kleinerer Ponys angenommen

Wie Juden in Amerika Weihnachten feiern

haben, aber vermutlich etwas besser schmecken. Das Verzehren des Tieres klappt im Übrigen verhältnismäßig zügig. Aber weil diese Vögel die Eigenart besitzen, trocken zu schmecken, müssen Brust oder Keule mit ordentlichen Mengen Alkoholika jedweder Art runtergespült werden. Noch so ein Ritual bei uns, das verlässlich zu unangenehmem Schädelbrummen führt am Tag danach, dem »Black Friday«, der in Amerika das Weihnachtsgeschäft einläutet.

Der »Black Friday« markiert im US-Handel den Übergang von roten in die schwarzen Zahlen. Wenigstens 20 Milliarden Dollar geben US-Bürger an diesem schwarzen Freitag aus, was dem Brutto-Inlandsprodukt der Republik von Georgien entspricht. Eigentlich ist der »Black Friday«, der Tag der Sonderangebote, der wahre Feiertag. Es gibt nämlich Amerikaner, die ihren Truthahn zum Leidwesen von Todd nicht mit Alkohol bekämpfen und stattdessen nächtens um drei vor Warenhäusern campieren und frühmorgens an den Türen rütteln wie weiland unsere lieben Mitbürger aus der Zone bei der Ausgabe des Begrüßungsgeldes vor westdeutschen Sparkassen. So weit ist es bei uns noch nicht. Aber die Frau und unsere liebe Freundin stürzen sich am Tag nach Thanksgiving und trotz brummender Schädel todesmutig und freiwillig in den Einkaufswahnsinn; es beginnt dann das, was die Amerikaner »shop till you drop« nennen, »kaufen bis zum Umfallen«, ein amerikanischer Volkssport zur Ankurbelung der Binnenwirtschaft. Die Frau hat leider irgendwann Gefallen gefunden an diesem Sport. Ich kann nicht mehr genau sagen, wann das war, vermute aber um die Weihnachtszeit herum. Sie sammelt seitdem Berge von Coupons für »Sales«, und »Sale« ist immer irgendwo, nicht nur zur Weihnachtszeit. Zuweilen protestiere ich zahm, aber meist erfolglos. Dem Mann ist einfach nicht eingängig, warum wir 36 Garderobenhaken brauchen, wenn wir nicht mal annähernd so viele Klamotten für die Haken besitzen. Aber die Haken waren on Sale, »buy ten, get two free«, und die Frau sagte: »Man weiß doch nie«, und sie seien außerdem überaus formschön und würden sich gegebenenfalls auch als Geschenk eignen. Ich kenne keinen Menschen auf diesem Planeten, der sich über Garderobenhaken ernsthaft freuen würde. Und gelegentlich beschleicht mich das Gefühl, dass sie für den Fall eines unmittelbar bevorstehenden Atomkrieges einkauft. Aber braucht man Garderobenhaken nach dem nuklearen Holocaust?

Der Fairness halber sei erwähnt, dass amerikanische Läden schon qua Größe zum Kaufen verführen. Zumindest gilt das für leicht verführbare Frauen, also für alle. In unserer kleinen Stadt steht ein fensterloser Koloss von einem Warenhaus. Die Kette heißt »Costco« und ähnelt entfernt dem deutschen Pendant Metro, nur größer, viel größer. »Costco«, sagt die Frau, sei ideal für Familien, weshalb wir Costco-Mitglieder wurden. Bei »Costco« gibt es die Waren nur eimerweise, und ich vermag nicht zu beurteilen, ob das wirklich ideal für Familien ist, aber die Frau schwört auf »Costco« und die Niedrigpreise für 40 Rollen Klopapier und sechs Eimer Mayonnaise. Die 36 Garderobenhaken stammen natürlich auch von »Costco«. Ich meide den Laden.

Einkaufen ist für den Mann ohnehin eine Qual. Beim Einkaufen gibt es bei mir nur ein Kriterium: Geschwindigkeit. Je schneller, desto besser, desto weniger Qual. Die Frau ist bis heute erstaunt darüber, wie ich einmal in exakt acht Minuten einen Anzug kaufte, der mir sogar noch passte.

Bis zum Ende meiner Tage wird es mir ein Rätsel bleiben, warum Frauen gerne bummeln oder einkaufen. Tausende von deutschen Frauen sieht man in der Gleitzeit zwischen Thanksgiving und Weihnachten in New York, überall kölsche Tön oder Originalton Süd. Weil der Euro so günstig steht und Kleidung und Computer und Digitalkameras im Big Apple nur einen Appel und ein Ei kosten und Flug und Hotel sich bereits amortisieren durch den Erwerb von zwei Donna-Karan-Kostümen, drei Paar Timberland-Schuhen und lächerlichen zwölf iPods. Verdammt clever, denkt der Mann dann über seine Landsleute.

Bettinas Gatte, mit zwei Kindern zurückgelassen in Essen, rief gelegentlich an und erkundigte sich nach dem Stand der Dinge. Er meinte selbstverständlich den Kontostand, und dann säuselte Bettina »Ach, Schatz«, und ihr Gatte wusste in diesem Moment, dass sich seine Frau sehr, sehr wohl fühlt in New York und alles gut ist. Bis auf den Kontostand. Nach eineinhalb Wochen Kaufrausch setzte sich Bettina wieder ins Flugzeug. Sie sagte, Einkaufen sei eine ernste Sache. Sie hatte der amerikanischen Wirtschaft nach Kräften geholfen und in neun Tagen 1600 Dollar ausgegeben, für Klamotten, Kinderklamotten, Weihnachtsdekoration, Elektro-Gebimse, allen möglichen Schnickschnack, den kein Mensch und auch keine Frau braucht, der aber relativ günstig ist. Ersparnis: 1600 Dollar im Vergleich zu Deutschland, wie sie sagt, hieß: Flug rausgeholt, Truthahn gegessen, Todd von der »Liquor Pantry« glücklich getrunken, alles bestens.

Nun ist Weihnachten das Fest der Liebe, und also verzeihen Männer auch eher. In Amerika ist Weihnachten darüber hinaus auch die Zeit der Absurditäten. Denn alle Jahre wieder bricht nach Thanksgiving und vor Weihnachten ein Krieg aus. Es ist kein richtiger Krieg wie der im Irak. Aber sie nennen das hier Krieg, als könnten sie nicht genug davon bekommen. Die Konservativen beklagen sich dann darüber, dass Weihnachten nicht mehr das ist, was es mal war. Sie beklagen sich über den Verfall der Werte, sie geifern in Talkshows und im Internet, sie fühlen sich verfolgt und nennen es diffus »War on Christmas« oder sogar »Krieg gegen das Christentum«. Als säße der wiedergeborene Nero im Weißen Haus und nicht der wiedergeborene Christ George W. Bush.

Der Weihnachtskrieg ist natürlich nur ein Hirngespinst. Maßgeblich betreibt diese Torheit ein rechtslastiger Fernsehmoderator namens Bill O'Reilly, der auf dem nicht minder rechtslastigen Nachrichtensender »Fox News« jeden Abend zwischen acht und neun wettert; vorzugsweise gegen Liberale und die Medien und am liebsten gegen liberale Medien. O'Reilly fühlt sich als Gralshüter von Moral und Anstand.

Und nicht nur zur Weihnachtszeit.

Schon deshalb freuten Frau und Mann sich sehr, als Tonbandmitschnitte auftauchten, aufgezeichnet von einer seiner Mitarbeiterinnen. Auf diesen Bändern hört man Herrn O'Reilly wonnige Dinge sagen, die gar nichts mit Moral oder Anstand und Weihnachten zu tun haben, aber viel mit Massagen und Brüsten und Nippeln und Sexspielzeugen, solchen Dingen halt. Die beiden einigten sich außergerichtlich, und kurz darauf schrieb O'Reilly ein Kinderbuch und wütete wieder gegen Weihnachtsfeinde.

Es dauerte ein Weilchen, bis wir uns an den jährlichen Weihnachtskrieg gewöhnt hatten. Die ältere Tochter konnte Herrn O'Reillys Tiraden nach ein paar Jahren sogar eine gewisse Komik abgewinnen. Sie glaubte zeitweilig, er mache Witze. Aber Weihnachten kann in Amerika alles andere als witzig sein. Weihnachten ist genau wie Einkaufen eine ernste Sache. Im Dörfchen St. Albans in West Virginia beispielsweise stand eine putzige Krippe mit Hirten, Kamelen, Palmen und dem Weihnachtsstern. Jesus, Maria und Joseph allerdings fehlten, es war wie Fußball ohne Ball. Die Figuren verstießen nach Ansicht der Stadtväter gegen die Trennung von Kirche und Staat.

Die Flughafenverwaltung von Seattle ließ mal Weihnachtsbäume aus den Terminals entfernen, weil ihr das Gerücht zu Ohren gekommen war, dass orthodoxe Juden dagegen klagen könnten. Statt nun die orthodoxen Juden zu fragen, ob das denn stimmt, verschwanden die Weihnachtsbäume. Worauf sich wiederum die orthodoxen Juden beschwerten, »wir wollen die Bäume zurück«. Danach leuchteten sie wieder.

Das alles ist natürlich kein Weihnachtskrieg, sondern falsch verstandene politische Korrektheit. Falls überhaupt so etwas existiert wie Weihnachtskrieg, tobt der bei uns zu Hause. Das war schon in Deutschland so und wurde in Amerika nicht besser. Pünktlich zum Fest herrscht bei uns stets Diskurs über einen passenden Weihnachtsbaum. Glücklicherweise verließen beide Töchter schnell die Phase, da sie sich einen faltbaren Plastikbaum wünschten, der, das muss man sagen, allerdings einen entscheidenden Vorzug im Vergleich zum Naturmodell hat. Plastikbäume stehen gerade, kerzengerade. Unser Baum dagegen steht entweder immer schief oder leidet unter Rückgratverkrümmung. JEDES JAHR. Auch das war schon in Deutschland so. Da ich, wie bereits erwähnt, ein ausgewiesener Tölpel bin, gerät das ordnungsgemäße Aufstellen einer Nordmanntanne zu einem Spektakel. Steht der Baum endlich, bedeutet das nicht, dass er auch stehen bleibt. Dreimal stürzte ein schon komplett geschmückter, rückgratverkrümmter Weihnachtsbaum auf mich, und Kugeln gingen zu Bruch und häuslicher Friede. Die Frau steht kerzengerade und kopfschüttelnd daneben und sagt schon seit Jahren nichts mehr dazu. Und die Töchter betrachten das vorweihnachtliche Desaster traditionell vom Sofa und sicherer Entfernung aus mit ihrem Opa mütterlicherseits, der uns jedes Jahr zu Weihnachten besucht und das Schauspiel ebenso fasziniert verfolgt. Einmal wollte die jüngere sogar ihre beste Freundin zum Weihnachtsbaum-Aufstellen einladen, »it's soooo much fun to watch Dad«.

Das ist noch so ein Ritual bei uns.

Andere Rituale kamen in unserer neuen Heimat hinzu. Es fing ganz harmlos an im zweiten Jahr und kurz vor Thanksgiving. Die Frau sprach: »Unsere Lichterketten für den Weihnachtsbaum funktionieren nicht in Amerika. Ich muss neue kaufen.« Kein Einspruch. Sie kaufte eine neue Lichterkette für den Baum, und dann puhlte sie noch was aus der Einkaufstüte und sagte: »Diese hier sind fürs Dach. 3,95 Dollar, günstig, oder?« Ich sagte nichts. Dann sprach die Frau: »Die Kinder wünschen sich, dass wir auch mal so eine Lichterkette ans Dach klemmen. Das machen alle hier in Amerika.« Ich sagte: »Und weil das alle machen, müssen wir das auch machen?« Es folgte ein kleiner Vortrag über Gruppendruck und Nachbarn und Amerika an sich, das Land der Stromvernichter. Aber all das hörte die Frau nicht mehr, weil vertieft in Instruktionen, wie man Lichter an Dächer nagelt. So kam die Lichterkette ans Dach.

Und nicht nur zur Weihnachtszeit.

Denn als sie einmal hing, hing sie da nicht nur im Winter, sie hing auch im Frühling und im Sommer. Im Spätsommer fragte man zaghaft: »Sollen wir nicht irgendwann die Dinger abnehmen«, und die Frau antwortete: »Lohnt sich doch gar nicht mehr.« So hing die Lichterkette ein geschlagenes Jahr an unserem Dach.

Man dachte, es könne nicht schlimmer kommen, und täuschte sich. Amerikaner und Kinder haben nämlich ein riesengroßes Herz für Tiere, vor allem für beleuchtete Plastiktiere. Die Vorgärten hier sehen von Ende November an so aus wie Zoos: Rentiere, Elche, Hasen, Mäuse, Kamele, Esel, Kühe. Manchmal blinkt auch ein Plastik-Jesus mittendrin. Unsere Töchter lieben diese Zoos. Man ahnte damals Schlimmes und sprach prophylaktisch ein Machtwort: »Leuchtende Tiere kommen mir nicht ins Haus. Eher lasse ich mich scheiden.« Es war ein mächtiger Satz. Scheidung durch Rentier. Der Satz stand wie in Schnee gepinkelt.

Es muss im August gewesen sein, die Lichterkette draußen hing nun schon im zweiten Jahr, als die Frau sprach: »Stell dir vor, ich habe ein Rentier gesehen, 38 Dollar 95.« Eisiges Schweigen. Sie sagte das dreimal an diesem Abend, und wie sehr sich die Kinder ein leuchtendes Rentier wünschen würden, weil das alle hier haben. Im Fernsehen lief gerade eine spannende Sendung, und ich wollte meine Ruhe haben und nichts mehr hören von Rentieren und auch keinen weiteren Vortrag halten über Stromvernichter. Ich murmelte: »Schon gut.«

24 Stunden später stand ein Rentier, 38 Dollar 95, auf der Terrasse, und als die kleinere Tochter das Viech sah, rief sie erschüttert: »Jetzt lässt sich Papa scheiden.« Aber Weihnachten ist das Fest der Liebe, also kam das Rentier in unseren Garten. Es ist ein dezentes Leuchtrentier. Wenn man sich ganz doll Mühe gibt, sieht man es kaum. Die größere Tochter sagte: »Es wirkt irgendwie einsam, finde ich.« Die Frau sagte: »Es gibt noch größere, und die bewegen sich richtig.« Die kleinere Tochter sagte: »Und es gibt welche mit ganz vielen bunten Lämpchen, und die machen sogar Geräusche.« Es war definitiv wieder Zeit für ein Machtwort: »Spätestens im Juni kommt es in den Keller.« Das Rentier stand drei Jahre in unserem Garten. Und nicht nur zur Weihnachtszeit.

Horizontal herausgefordert
Essen, fressen und letztes Abendmahl

Amerikaner waren einmal die längsten Menschen auf dem Planeten. Heute sind das die Holländer. Soziologen behaupten, dass die Länge der Menschen in direkter Korrelation zum Wohlbefinden steht, was den Spruch »je länger, desto besser« wissenschaftlich fundamentiert. Amerikaner nun schießen nicht mehr in die Höhe, sondern in die Breite, und was das zu bedeuten hat, haben die Soziologen meines Wissens nach noch nicht erforscht. Gutes kann das nicht bedeuten. Aus eigener Anschauung und jahrelangem Selbstversuch können wir immerhin nachvollziehen, warum das so ist.

Der allererste gemeinsame Restaurantbesuch in den USA endete gleich mit einem kleinen Unglück. Es war am Tag unserer Ankunft, und die Töchter hatten Hunger, weshalb wir uns in ein italienisches Speiselokal begaben. Es lag an einer Ausfallstraße und hieß »Eclisse«. Viele alte Menschen saßen darin an runden Tischen, und das Ambiente, Plüsch und blumendekorierte Tapeten, erinnerte in der Tat an einen Speisesaal im Altersheim. Wir bestellten vier Pizzen und mussten feststellen, dass eine Pizza eine Kleinfamilie mehr als ernähren kann. Unglückseligerweise korrespondierte das blumige Interieur geschmacklich kongenial mit den Pizzen. Die jüngere Tochter, vom Zeitunterschied überwältigt, platschte nach drei Bissen schlaftrunken mit der Stirn in eine Scheibe mit Käse, Oliven und Pilzen, die ältere nörgelte »die schmeckt anders als in Deutschland«, und nach einer halben Stunde brachen wir das Experiment »erster Restaurantbesuch« ab, verstauten drei unverdaute Pizzen in einem Doggy-bag, zahlten und trollten uns. Das »Eclisse« hat dicht gemacht. Wir vermuten, dass die Kundschaft einfach wegstarb.

Nach Jahren staunen wir immer noch über die Mengen, die amerikanische Menschen verputzen können. Neulich fragten wir einen Kellner erschüttert und gleichermaßen beeindruckt: »Hat diesen Spaghetti-Berg jemals ein Mensch komplett aufbekommen?« Er schaute verständnislos und sagte: »Vor zehn Minuten erst, der Herr dort hinten in der Ecke.« Der Herr dort hinten in der Ecke konnte stehend seine Füße nicht mehr sehen. So was kommt von so was. Manchmal spielen wir auch ein Spiel im Restaurant. Wir sitzen da, beobachten andere Leute an Tischen, und jeder muss wetten, an welchen Tisch ein Kleinlaster voll Nachos apportiert wird. Es ist ein schönes Spiel, die Töchter lieben es. Jeder hat einen Versuch, reihum. »Da hinten, der Mann mit der blauen Baseballkappe«, sagt zum Beispiel die Jüngere. Wenn wir es uns richtig schwer machen wollen, wetten wir, welcher Gast wohl was bestellt. Das gibt dann einen Bonuspunkt. Meistens gewinnt die spindeldürre jüngere Tochter, »Zwiebelringe als Vorspeise und dann Burritos mit Pommes und Bohnen.« Sie hat im Laufe der Zeit einen guten Blick dafür entwickelt, die Augen essen wirklich mit.

Überhaupt unterscheiden sich Restaurantbesuche in Amerika fundamental von Restaurantbesuchen in Europa. Selbst in gehobenen Lokalitäten passiert es, dass die Vor- und die Hauptspeise simultan kommen, was den Gast irritiert, den Kellner aber nicht. Einer fragte die Frau des Hauses allen Ernstes: »Wollen Sie die Vorspeise vor der Hauptspeise?« Amerikanische Kellner sind grundgute Menschen. Sie können die Liste der »Daily Specials« in einem Tempo runterrasseln wie früher Dieter Thomas Heck den Abspann der ZDF-Hitparade. Sie stellen sich stets mit Namen vor, »Hi, my name is Betty, and I'm your server tonight«. Und sie treten gern in Intervallen von drei bis fünf Minuten an den Tisch und fragen: »Are you okay, folks?«, als erwarteten sie minütlich eine Lebensmittelvergiftung oder einen Herzinfarkt durch Cholesterin-Überdosis. Den diesbezüglich ultimativen Rekord an Idiotie hält ein kleines Wirtshaus in Minot, North Dakota, das wir eines Abends auf der Durchreise enterten. Nach dem üblichen Prozedere, »My name is Carol, and I'll be your server tonight«, orderten wir Spinat-Artischocken-Dip, eine normalerweise übersichtliche Vorspeise. Nach handgestoppten drei Minuten wuchtete Carol einen Eimer Dip auf den Tisch. Und 20 Sekunden später, unser Besteck war noch jungfräulich unberührt, stand Carol wieder am Tisch und fragte: »Are you okay, folks?«, worauf die Frau »I don't know yet«, »Ich weiß es noch nicht«, sprach, die ältere Tochter einen Lachanfall bekam und der Mann vor Schreck den Löffel in den Spinat-Artischocken-Dip-Eimer plumpsen ließ, der auf Nimmerwiedersehen versank.

Man muss andererseits die Gastronomen und ihre unablässige Fragerei nach dem werten Befinden verstehen. In keinem anderen zivilisierten Land werden mehr Diäten erfunden als in den USA, und in keinem anderen zivilisierten Land sterben zugleich mehr Menschen an den Folgen von Essen. 62 Prozent der erwachsenen Amerikaner, fast 130 Millionen, gelten als übergewichtig, 31 Prozent davon als fettleibig. Die Sitze in Sportstadien, Theatern, Kinos und U-Bahnen wurden sukzessive dem amerikanischen Durchschnittshintern angepasst, weil es im Laufe der Evolution zu gigantischer Gesäßerweiterung von knapp sieben Zentimetern kam.

Essen ist hier eben nicht nur eine Frage des Geschmacks, sondern des Geldes, der Bildung – und der Dosierung. Als uns unser lieber Nachbar David im ersten Frühjahr fragte, ob er uns ein paar Muscheln mitbringen solle, und wir arglos bejahten, konnten wir nicht ahnen, dass er damit den kompletten Muschelbesatz Neuenglands meinte. Er brachte eine ganze Wanne voll Muscheln. Er meinte es gut. Sie meinen es immer gut.

Der Umgang mit Nahrungsmitteln verstört den naiven Europäer zuweilen. Zur Halloween-Zeit im Oktober werden gerne Kürbisse mit einer gigantischen Kürbiskanone durch die Landschaft geschossen oder von einem Kran aus 30 Meter Höhe auf alte Autos geplumpst. Die Kürbisse, geschossen oder geplumpst, zerplatzen in tausend Stücke und sind für den weiteren Verzehr ungeeignet. Aber das Kürbisschießen und -plumpsen schafft es Jahr für Jahr in die Fernsehnachrichten. Wie im Übrigen ein in Europa weitgehend unbekannter Sport – »competitive eating«, auf deutsch: Wettfressen. Sie haben in Amerika sogar eine eigene Liga fürs Wettfressen, die »Major League Eating«. Betreiber dieser Leibesübung verspeisen Kalbshirne, Käsekuchen, Kohl, Bohnen, Eier, Eis, Eisbeine, Hühnerbeine, Waffeln und vor allem Hotdogs.

Was der Mann, ein alter Freund des Leistungssports, wenigstens einmal live und in Farbe erleben wollte. Denn, nicht wahr, insbesondere das Wettfressen in Coney Island hat Tradition, seit 1916, und lockt am Unabhängigkeitstag Jahr für Jahr Tausende Zuschauer an. Zuletzt stand obendrein die nationale Ehre auf dem Spiel, weil ein schmächtiger Japaner namens Takeru Kobayashi sechs Jahre in Serie die Amerikaner in ihrer ureigensten Diszplin düpiert hatte: im Verschlingen von Hotdogs. Im Jahr 2007 aber war ihm ein Gegner gewachsen, der Ingenieursstudent Joey Chestnut aus Kalifornien, welcher mit der Empfehlung anreiste, Kobayashis Weltrekord im Wurstverzehr gebrochen zu haben.

Das Fernsehen übertrug das Ereignis live auf dem Sportkanal ESPN 2; in den Tagen zuvor hatte ESPN schon alte Schlachten am Büffet aufgewärmt. Es liefen Wiederholungen der Wurstvertilgungsmassaker der Jahre 2001 bis 2006. Sieger jeweils der Schmachtlappen aus Nippon, ein Bonsai von einem Mann, ein lebender Verdauungstrakt, um den man sich allerdings Sorgen machte, weil er – wie es hieß – unter einer Art Kiefer-Arthritis litt, jaw-thritis. Klarer Fall von Trainingsverletzung.

Dieses kulinarische Großereignis wollte ich unbedingt erleben und lockte die Töchter unter falschem Vorwand nach Coney Island, dem berühmten Vergnügungspark am Atlantik, »das wird bald abgerissen, und ihr solltet es noch einmal sehen, solange es noch steht«. Die Töchter waren einigermaßen fassungslos, »du bist pervers, Papa!«, als ich den wahren Hintergrund unseres Ausflugs offenbarte. Die ältere beschäftigte sich in der Schule gerade mit Nahrungsmittelknappheit auf Haiti, quasi dem Kontrastprogramm, und eine gewisse Scham überfiel ihren Erzeuger, die aber alsbald verflog, als die Kombattanten die Bühne vor »Nathan's« Wurstbraterei betraten. Zwölf an der Zahl, darunter eine Frau, aber lediglich zwei Favoriten: Joey Chestnut und der Japaner, der sich, jaw-thritis!, in den Tagen vor dem Showdown lediglich von Weichspeisen ernähren durfte.

Der Ansager George Shea, zugleich Gründer der Internationalen Vereinigung für Wettessen, sabberte ins Mikrofon, dass Joey Chestnut eines Tages in einem Atemzug mit Abraham Lincoln und Neil Armstrong genannt werden würde, weil: amerikanischer Held. Ein paar verstreute japanische Fans brüllten daraufhin »Tora, Tora, Tora«, als Kobayashi vorgestellt wurde. Es hatte etwas von einer Mischung aus Weltkrieg zwei, High Noon und alten Rocky-Filmen. Sodann entspann sich ein epischer Kampf auf Biegen und, nun ja, Brechen. Denn nach zwölf Minuten hatten beide, Chestnut und Kobayashi, jeweils 66 Hotdogs mit Brötchen in sich hineingestopft. Herrn Kobayashi allerdings purzelten zum Finale leider einige wenige Hotdog-Bröckchen aus dem vermutlich noch immer arthritischen Mund zurück auf den Pappteller. ESPN präsentierte dieses Malheur in Super-Zeitlupe, worauf Joey Chestnut unter »USA, USA«-Rufen des Publikums zum Sieger erklärt wurde und einen senfgelben Gürtel eines Senf-Herstellers bekam. Kobayashi beugte sich dem Urteil, »reversal of fortune«, Umkehr des Glücks, hieß es in der Sprache der Wettesser, was eine sehr liebevolle Umschreibung für organisiertes Erbrechen ist. Er beugte sich nicht nur dem Richterspruch, sondern auch seinen Oberkörper in guter, alter japanischer Tradition und versprach, im kommenden Jahr wiederzukommen, arthritisfrei dann. Kobayashi durchlitt vor »Nathan's« sein persönliches Midway. Er tat mir leid.

Joey Chestnut, ein wenig außer Atem, sprach, der Geist des 4. Juli, der Geist der Unabhängigkeit, habe ihn zum Sieg getragen und er hätte sehr wohl noch mehr Reserven gehabt. Er hörte sich an wie ein Sieger beim Marathon. Die Töchter, beide keine großen Freunde des Leistungssports, waren von der Veranstaltung deutlich weniger begeistert. Die Ältere versicherte auf der Heimfahrt erschütternd glaubhaft, sie werde nun allen ihren Freundinnen in der Schule und auch ihrem Soziologielehrer erzählen, dass ihr Vater pervers sei und wildfremden Menschen beim Wurstvernichten zuschaue. Sie rechnete flugs in Kalorien um, dass man statt eines solchen Events ein ganzes Dorf in Haiti hätte eine Woche mit Nahrung versorgen können, und abermals legte sich Scham über den Erzeuger, und es wurde auch nicht besser, als ich erklärte, dass mehr Menschen im Fernsehen den Kampf der Wursttitanen verfolgen als die Debatten der Präsidentschaftskandidaten. Sie murmelte noch irgendwas von kapitalistischen Auswüchsen und westlicher Dekadenz, und dann gingen mir bedauerlicherweise die Argumente aus, und ich stellte das Radio an. Zu Hause aßen wir Salat.

Ich traf Joey Chestnut einige Wochen später noch einmal, diesmal im Grand Central Terminal in der City, wo er bei einem Wohltätigkeits-Wettfressen zugunsten hungriger New Yorker teilnahm. Er vertilgte aus diesem Anlass sieben Pfund Hühnerschenkel, und für jedes Pfund spendete die Wyndham-Hotelgruppe 250 Dollar für die »Food Bank« von New York City. Joey fraß also stellvertretend für den Hunger der Obdachlosen. Ich fragte eine ehrenamtliche Helferin der »Food Bank«, ob das nicht zynisch sei, Wettfressen für Hungrige, aber sie sagte: »Warum? Geld stinkt nicht.«

Essen, so viel steht fest, hat in Amerika nichts Sakrales. Es ist mal Sport, meist pure Nahrungsaufnahme, eher selten Genuss und zuweilen Sucht. Statistisch betrachtet schleppen Amerikaner etwa 20 Prozent mehr Körperfett als Westeuropäer mit sich herum. Es kann kein Zufall sein, dass sich in den Supermärkten direkt neben den Regalen mit frittierter Wurst am Stock die Regale mit allerlei Arzneien gegen Sodbrennen befinden. Übergewicht ist die amerikanische Seuche des 21. Jahrhunderts. Deshalb beschloss der Mann, diesem Phänomen auf den Grund zu gehen und nach Durham, North Carolina, zu reisen, in die Hauptstadt der Dicken. Die so genannt wird, weil Tausende von beleibten Amerikanern dorthin wallfahren und in den diversen Abmagerungskliniken im Speckgürtel der Stadt nach vorsichtigen Hochrech-

Wow, das nenne ich Fast Food …

nungen pro Jahr 10 Tonnen Gewicht verlieren, was einem voll besetzten Jumbojet entspricht.

Ich kam abends an in der Hauptstadt der Dicken, checkte ein im Hotel und traf dort an der Bar a) Eric, den rechtschaffen betrunkenen Halbbruder des Schauspielers Michael Douglas und b) Martha und Sandra, zwei Damen von höchst unterschiedlicher Natur. Martha war Ende vierzig, wog um die 160 Kilo und lebte seit einem halben Jahr in diesem Hotel. Sie kam ursprünglich aus Philadelphia und der freien Wirtschaft, hatte ein kleines Vermögen angespart und irgendwann entschieden, zumindest zeitweise in die Hauptstadt der Dicken zu ziehen. Sie kannte alle Diäten und alle Kliniken. Sie hatte alles versucht, aber der Hunger war stärker. Martha wachte ein wenig über die Neuankömmlinge wie Eric Douglas, dem die Familie generöserweise eine kombinierte Abmagerungs- und Entziehungskur spendiert hatte. Vergebens, wie sich herausstellen sollte. Zuweilen sprach sie mütterlich zu Eric »Kein Bier mehr!«. Worauf Eric lallte: »Weißt du eigentlich, wer ich bin?« und sie sagte: »Du bist der Bruder dieses nichtsnutzigen Schauspielers, der dich hierher verfrachtet hat.« Sie wachte auch ein wenig über ihre Freundin Sandra, eine blonde, schlanke Mittvierzigerin mit leichtem Hang zur Nymphomanie. Sandra flirtete an diesem Abend erst mit einem Franzosen, der kein Wort verstand, und hernach ausgiebig mit einem Piloten von United Airlines, der sofort verstand und Sandra fragte, ob auch sie zum Abnehmen nach Durham gekommen sei. Das einzige, was Sandra an diesem Abend noch abnehmen wollte, waren ihre Klamotten, und am Tresen blieben nur noch sitzen Eric, Martha und ich. Eric schaufelte einen Berg Maccaroni in sich hinein, spülte ihn hinunter mit sehr viel Bier und fragte: »Weißt du eigentlich, wer ich bin?«, und ich sprach: »Der Bruder dieses nichtsnutzigen Schauspielers, der dich hierher verfrachtet hat.« Martha sagte: »Eric hat heute sein last supper, sein letztes Abendmahl. Ab morgen macht er die Rice-House-Diät.«

So trafen wir uns wieder, Eric und ich, am nächsten Morgen im Rice House zu Durham, Endstation Fress-Sucht. Welches begann im Jahre 1939 mit einem deutschen Juden namens Walter Kempner, einem Spezialisten für Nierenkrankheiten, der vor den Nazis nach North Carolina floh und dort durch Zufall entdeckte, dass ungesalzener Reis bei seinen Patienten zu dramatischen Gewichtsverlusten führte. Auf diese Weise entstand seine Diät, und Kempner selbst stieg auf zu einer Art Entschlackungs-Guru, der mit teutonischem Ernst über seine Kugelbäuche wachte und der Legende nach Rückfällige mit leichten Peitschenhieben auf den Po sanktionierte. Das Rice House besteht aus einem kargen, neonbeleuchteten Speisesaal, der die Kargheit der Speisen prima reflektiert. Zum Frühstück: Reis, zum Mittagessen: Reis, zum Abendessen: Reis. Wer hierherkommt, hat ein dickes Problem und kriegt sein Fett weg durch strikte Diät. Theoretisch. Praktisch ist das etwas schwieriger. Ich streifte durch die Räume und sah Eric gramgebeugt über einem Teller Reis sitzen. Er schüttelte den Kopf, und vermutlich fluchte er gerade innerlich auf seinen nichtsnutzigen, berühmten Halbbruder.

In einem Sofa saß Augustino »Tino« Altese, aus

Detroit, Michigan, 249 Kilo, der seit frühester Jugend mit Übergewicht kämpfte und insgesamt fast sieben Jahre seines Lebens in Durham verbracht hatte. Nicht am Stück, aber eben immer wieder für Monate und einmal sogar dreieinhalb Jahre. Tino, Besitzer einer Pizzeriakette, kannte alle Programme. Er hatte einen kleinen Kopf, der auf einem gigantischen Körper saß. Tino redete gar nicht lange um den heißen Brei herum. »Jeder von uns weiß, warum er hier ist. Wir essen zu viel. Basta.« Dann malte er mit seinen Händen Sinuskurven in die Luft. »Jo-Jo«, sagte er. Das ist in der Sprache der Dicken ein feststehender Begriff. Wobei man das Wörtchen dick niemals benutzten sollte in Gegenwart von Dicken, sondern politisch korrekt: horizontal herausgefordert.

»Jo-Jo« dagegen ist politisch absolut unverfänglich. »Jo-Jo« steht für den ewigen Kreislauf von abnehmen, zunehmen, abnehmen, zunehmen. Der horizontal herausgeforderte Tino hat sie selbst genug erlebt, diese Exzesse. Ging in ein Restaurant, orderte drei komplette Menüs zum Mitnehmen, gab vor, die Familie würde warten, aber da war niemand, der wartete. Fuhr heim, breitete das Essen aus und bekam den Tunnelblick. »Es ist wie Sex«, sagte Tino. »Sex mit dem Essen. In dem Moment ist es sogar besser als Sex.« Jeder konnte solche Geschichten erzählen im Rice House von Durham. »Wir sind wie eine Familie«, sagte Tino. Sie kommen nach Durham und gehen miteinander durch dick und dünn. Ich traf Menschen dort, die bis ins hohe Erwachsenenalter hinein glaubten, Spinat komme aus der Dose.

Abends an der Hotelbar hockten Martha und Sandra und Eric, der große Mengen Bier und große Mengen Hühnchen vertilgte, last supper, die zweite. Eric fragte: »Weißt du eigentlich, wer ich bin?«, und Sandra, blond, schaute traurig, weil der Pilot wieder abgeflogen war. Martha erzählte derweil von der Blütezeit Durhams, von den rauschenden Festen am Pool des Duke-Towers-Hotels, den die horizontal Herausgeforderten selbstironisch »Whale-Watch« nannten. »Durham ist Sex und Drugs«, sagte sie. Und das sei irgendwie auch logisch, denn: »Du isst nichts, du hast nichts zu tun, du bist unter deinesgleichen, also wirst du geil.« Ehen gingen hier kaputt, neue Ehen entstanden, und Martha mochte wetten, dass die schweren Jungs nach wie vor keine leichten Mädchen brauchen. Auf drei Frauen, dozierte sie, kommt in den Durham-Kuren nämlich nur ein Mann und der gewiss nicht zu kurz. Sie sprach offenbar aus Erfahrung von der Liebe in Zeiten des Cholesterins. »Korpulenz und kopulieren schließen sich nicht aus«, schloss Martha wissend, und Sandra sah jetzt noch trauriger aus. Sie hätte an diesem Abend wohl auch einen horizontal Herausgeforderten genommen, aber weit und breit nichts in Sicht außer Eric, der sich am fünften Bier abarbeitete.

Tags drauf zeigte Eric im Rice House ein Video. Er war mal ein sehr ordentlicher Komödiant. Schlagfertig, politisch unkorrekt, flinke Zunge. Die horizontal Herausgeforderten saßen im Kreis um das Fernsehgerät, und davor stand Eric und fragte: »Wisst ihr eigentlich, wer ich bin?« Eine Ärztin stand auf, legte ihren Arm auf Erics Schulter und sagte: »Eric zeigt uns jetzt ein Video. Eric ist nämlich Künstler.« Die Szene erinnerte stark an »Einer flog übers Kuckucksnest«. Auf dem Video hatte Eric ziemliche Ähnlichkeit mit seinem Halbbruder Michael. Der Eric auf dem Video hatte keinerlei Ähnlichkeit mit dem Eric vor dem Videogerät. Die horizontal Herausgeforderten klatschten artig.

Am dritten Abend erzählte Martha an der Hotelbar, dass sie sich »wie eine dünne Frau im falschen Körper fühlt«. Eric nahm gerade sein drittes letztes Abendmahl ein, Steak und Bier, und Sandra schmachtete einen Schweden an, der sie fragte, ob ihre Brüste echt seien und sie ihn daraufhin einlud, ihre Brüste auf Echtheit zu untersuchen. Also blieben am Tresen zurück Martha, Eric und ich. Es war definitiv Zeit, die Hauptstadt der Dicken wieder zu verlassen und nach New York zu fliegen, zu Frau und Töchtern.

Sie holten mich am Flughafen ab. Zu Hause aßen wir Salat.

Martha verließ Durham wenige Monate später und ging zurück nach Philadelphia. Sandra muss wohl auch irgendwann abgereist sein, hoffentlich – es sei ihr sehr gegönnt – mit einem Piloten. Eric hatte noch ein paarmal sein last supper an der Hotelbar. Ein Jahr später hatte Eric wirklich sein letztes Mahl. Sie fanden ihn in New York in einem Appartement. Er wurde 46 Jahre alt.

»Folks, we have a problem«
Flüche, Flüge und alte Züge

In Amerika ist alles größer, was schon mit der Größe des Landes beginnt. Das hat Vor- und Nachteile. Vorteilhaft ist, dass man durch den sträflich vernachlässigten Bundesstaat Nebraska fahren kann und dort nur alle 20 Minuten einen anderen Wagen sieht, der durch Nebraska rollt. Von Nachteil ist, dass man stets ein Flugzeug besteigen muss, um in sträflich vernachlässigte Bundesstaaten wie Nebraska zu gelangen, die paradoxerweise im US-Jargon »Fly-over-states« heißen, weil dort eigentlich niemand hin will, der nicht muss. Ich musste. Aber Fliegen in Amerika ist von sehr beschränktem Unterhaltungswert. Streng genommen habe ich sogar Angst vorm Fliegen. Das heißt nicht unbedingt Angst vor dem eigentlichen Abheben, in der Luft Schweben, Landen. Es ist vielmehr die Angst VORM Fliegen. Wenn ich fliegen muss, und ich muss oft fliegen, geht ständig etwas schief, ständig, immer. Auf mir liegt ein Flug-Fluch. Mal ist Stromausfall im Terminal, mal ist Schneesturm, mal ist die Menschenschlange am Schalter so lang, dass man den Anfang mit dem bloßen Auge nicht sehen kann. Und wenn man dann endlich im Flugzeug sitzt, bedeutet das noch lange nicht, dass auch endlich geflogen wird. Die Ansage »Folks, wir sind Nummer 18 auf der Startbahn« heißt übersetzt: Abflug frühestens in einer Stunde.

Ich verbrachte schon Stunden auf der Piste des John-F.-Kennedy-Flughafens. Der Kapitän erzählte uns irgendwas vom Nebel, aber draußen war kein Nebel, vermutlich war sein Fenster nur schmutzig. Als sich nach drei Stunden eine Passagierin erhob, weil sie ein dringendes Bedürfnis quälte, strafte er sie via Lautsprecher ab: »Nicht aufstehen, durch Sie haben wir jetzt unseren Slot verloren.« Nach fünf Stunden flogen wir endlich. Passagiere der Gesellschaft Jet Blue saßen sogar neun Stunden auf der Startbahn fest, riefen schließlich die Notfall-Nummer 911, und eine Gestrandete, Kate Hanni, gab ihren Job als Immobilienmaklerin auf und gründete eine Selbsthilfeorganisation für geschundene Passagiere, die »Coalition for Airline Passengers' Bill of Rights«.

Eigentlich kann ich froh sein, überhaupt fliegen zu dürfen, weil das in Amerika keine Selbstverständlichkeit ist, auch ohne Angst vorm Fliegen. Sie haben hier nach dem 11. September eine sogenannte »No Fly List« eingeführt mit zig Tausenden von Menschen drauf, die grundsätzlich verdächtig sind. Darüber hinaus existiert eine »Terrorist Watch List« mit 700 000 Einträgen. Amerikaner sind nämlich sehr furchtsam. Viele arabische Namen stehen auf dieser Liste, denn Araber oder solche, die auch entfernt arabisch aussehen oder klingen, sind grundsätzlich verdächtig.

Der Senator Edward Kennedy, Bruder von John F. Kennedy, selig, und einer der bekanntesten Politiker in Amerika, muss wohl auch verdächtig gewesen sein. Fünfmal wollten ihm Sicherheitsbeamte das Boarden verbieten. Selbst dann, wenn er wahrheitsgemäß versicherte, dass der Flughafen, in dem er gerade mit den Sicherheitsleuten stritt, nach seinem Bruder benannt wurde. Auf dieser »No-Fly«-Liste tauchen Kleinkinder auf und Greise und auch die Nonne Virgine Lawinger und der Pfarrer Bill Brennan aus Milwaukee, Friedensaktivisten beide und keine besonders großen Anhänger des amerikanischen Präsidenten, insofern verdächtig.

In Tat und Wahrheit kann ich mich, selbst kein inniger Bewunderer der hiesigen Regierung, glücklich schätzen, dass ich fliegen darf und nicht hops genommen werde wie Senatoren und Pastoren. Aber die Sicherheitsleute an amerikanischen Flughäfen denken sich allerlei goldige Dinge aus, um mich zu necken. Regelmäßig leuchtet beim Einchecken ein rotes Lämpchen auf, und dann schieben mich Uniformierte in eine separate Schlange für die vermutlich nur ein bisschen Verdächtigen, welche dann einer Leibesvisitation unterzogen werden. Sie wühlen in Koffern, expedieren Wasserflaschen oder Shampoo, »das muss hier bleiben«, betatschen den Körper ausgiebig, als hätten sie ein enormes physisches Nachholbedürfnis, und wünschen dann einen guten Flug. Worauf man sich zum Gate begibt, um dort festzustellen, dass der Flug Verspätung hat. Zumindest in New York ist das so. Die drei Flughäfen JFK, La Guardia und Newark führen die Verspätungstabelle landesweit an. Ein Drittel aller Flüge von JFK ist verspätet, was wiederum einen nationalen Domino-Effekt generiert –

drei Viertel aller Flugverzögerungen in Amerika gehen auf das New Yorker Chaos zurück. Und ich kann an Eides statt versichern, dass ich immer, immer, immer Flüge aus dem Verspätungsdrittel erwische. Das ist noch ein Grund mehr, warum ich Angst VORM Fliegen habe. Des Weiteren sollte vielleicht erwähnt werden, dass ein gewisser Hang zur Tollpatschigkeit in mir wohnt, der schon im normalen Alltag leicht befremdlich ist, in Fluggeräten aber zur vollen Entfaltung kommt, insbesondere beim Verstauen des Handgepäcks. Das ist für andere Menschen offenbar überhaupt kein Problem. Für mich schon. Das Applizieren selbst kleinerer Taschen ins Staufach gerät bei jedem Flug zu einer unfreiwilligen Slapstickeinlage, löst bei den Mitreisenden aber nur mäßigen Frohsinn aus, weil Stau vorm Fach ist. Auch beim Verzehr von Mahlzeiten in Flugzeugen ist meine Ungeschicklichkeit nicht eben förderlich. Das an sich simple Entfernen der Aluminiumfolie über solchen Köstlichkeiten wie Huhn auf Nudeln oder Nudeln auf Huhn kann mich auf Flügen von New York bis nach Atlanta beschäftigen.

Ich habe obendrein aufgehört zu zählen, wie viele Becher Kaffee oder Coca Cola in meinem oder im Schritt des Sitznachbarn endeten, bis ich mir angewöhnte, nur noch neutrales Wasser zu ordern, was zwar gleichfalls schoßabwärts fließt, aber entschieden weniger Spuren hinterlässt. Nun sind, wie man nicht oft genug anmerken kann, Amerikaner grundgütig und geduldig und freundlich. Sie sagen nach solchen Missgeschicken Dinge wie »Don't worry, it happens to me all the time« oder »Shit happens« oder ganz liebe Menschen sagen sogar: »May I help you?«. Die Töchter des Hauses setzen sich bei gemeinsamen Flügen nur ungern in meine unmittelbare Nachbarschaft oder ziehen sich in weiser Voraussicht ganz alte Hosen an.

Die eigentliche Angst VORM Fliegen aber geht auf den nicht gerade ordnungsgemäßen Zustand der hiesigen Flugzeuge zurück. Viele amerikanische Maschinen haben musealen Charakter, korrespondieren aber immerhin altersmäßig mit den Saftschubsen, sorry: Stewardessen, sorry: Flugbegleiterinnen – 40 Jahre aufwärts. In Europa würden solche Maschinen und wahrscheinlich auch die Flugbegleiterinnen aus dem Verkehr gezogen oder nach Russland verkauft. In Amerika fliegen sie. Mehr oder weniger. Weniger geht so: Ansage des Kapitäns nach einer Stunde auf dem Runway: »Folks, Sie haben sicher schon bemerkt, dass wir auf der Startbahn stehen. Das liegt daran, dass wir Benzingeruch wahrgenommen haben, wir wollen das sicherheitshalber checken lassen und warten auf Personal vom Gate.« Wenn man Glück hat, kommt das Personal vom Gate und prüft den maroden Flieger, und wenn man ganz viel Glück hat, geben sie grünes Licht. Aber meistens ist kein Glück, und die Maschine rollt zurück ans Gate, »sorry folks, wir danken für Ihre Geduld«. Wenn mal Glück ist und grünes Licht und man wider Erwarten startet, kann es vorkommen, dass sich über dem Atlantik der Kapitän meldet und sagt: »Sorry, folks, wir haben ein kleines Problem mit der Elektronik und wollen kein Risiko eingehen. Wir fliegen zurück.« Zurück auf dem Boden in New York behebt das technische Personal dann den

Flugabfertigung in Amerika
vor dem 11. September

kleinen elektronischen Defekt, und nach zweieinhalb Stunden ist man wieder in der Luft und über dem Atlantik. Seniorinnen in blauen Uniformen reichen Wasser und Erdnüsse, und schließlich meldet sich abermals der Kapitän: »Sorry folks, wir dachten, der kleinere technische Defekt sei behoben, aber …«

Genau so endete vor Jahren ein transatlantischer Flug von New York nach Brüssel gleich zweimal wieder am Ausgangspunkt in New York. Die Angst VORM Fliegen habe ich in Amerika gelernt. Und speziell in Maschinen einer Fluggesellschaft, die wie eine Flussmündung heißt. Möglicherweise ist es unfair, den Luft-Transporteur Delta besonders hervorzuheben, weil die qualitativen Unterschiede zwischen den Gesellschaften und alten Maschinen und Saftschubsen eher marginal sind. Aber es kann nicht von ungefähr kommen, dass Delta im Fliegerjargon für »**D**oesn't **E**ver **L**eave **T**he **A**irport« steht. Ich musste oft mit Delta fliegen.

Die ältere Tochter des Hauses hatte in Europa auch nie Angst vorm Fliegen. Das änderte sich hierzulande abrupt, was womöglich mit der schon mehrmals erwähnten Offenherzigkeit der Amerikaner zusammenhängt, von der Piloten und Kopiloten auch nicht ausgenommen sind. Einmal kreisten wir auf einem Rückflug von Georgia über New York. Wir kreisten und kreisten und kreisten und sahen beim Blick aus dem Fenster viele andere kreisende Flugzeuge, und dann sprach der Pilot: »Folks, uns geht gleich das Benzin aus …« Das trug nicht unbedingt zur Vertrauensbildung in die örtliche Luftfahrtindustrie bei. Einige Leute an Bord gerieten in Panik, die Tochter wurde stumm und weiß. Wir landeten eine halbe Stunde später in White Plains, wo sie Farbe und Stimme zurückgewann und sagte: »Ich fliege nie wieder.« Nun liegt der Flughafen von White Plains ziemlich genau zehn Minuten von unserer kleinen Stadt entfernt, aber das greise Personal wollte die protestierenden Reisenden nicht aus dem greisen Flieger lassen, weshalb die Frau beiden Töchtern einen kleinen Heulkrampf verordnete. Damals konnten die Töchter noch auf Knopfdruck heulen, und andere Kinder, Gruppendruck bestimmt, schlossen sich spontan an. Sie heulten so herzerweichend und laut und jämmerlich, dass der Kapitän kapitulierte und die Türen öffnete. Wir waren sehr stolz auf unsere Töchter.

Unsere Kleinfamilie versucht nur dann zu fliegen, wenn es gar nicht anders geht. Im Alltag benutzen wir wie alle anderen Amerikaner Autos. Amerikaner fahren viel Auto, rund 4,3 Billionen Kilometer pro Jahr, was umgerechnet elf Millionen Autoreisen zum Mond sind. Nun entsprechen wir schon deshalb nicht dem amerikanischen Durchschnitt, da wir nur einen Wagen besitzen. Statistisch, und Amerikaner lieben Statistiken, verfügt nämlich jeder US-Haushalt über 1,9 Autos für lediglich 1,8 Fahrer. Wie das mathematisch aufgeht, ist mir zwar schleierhaft, weil wir auf den Straßen hier noch nie 0,9 Auto mit 0,8 Fahrer drin begegnet sind. Vielleicht liegt es aber auch daran, dass der Mann den Nahverkehrszug bevorzugt und auch Straßen nach Kräften meidet.

Offiziell gehöre ich zwar nicht in die Kaste der »Extreme-Commuters«, der Extrempendler. Das sind jene bedauernswerten Kreaturen, die eineinhalb Stunden oder länger zur Arbeit brauchen mit Auto, Zug oder Bus. Theoretisch brauche ich 35 Minuten mit dem Zug aus unserer kleinen Stadt Rye bis zum Grand Central Terminal in Manhattan. Praktisch bin ich auch oft ein Extreme-Commuter, 90 Minuten und mehr. Auch der Bahnverkehr in Amerika hat nämlich etwas Antikes, und bei Stürmen werfen sich verzweifelte Bäume vor die Schienen, oder die altersschwachen Lokomotiven versagen einfach. Die Waggons unserer Bahngesellschaft Metro North stammen bestimmt aus der Eisenhower-Ära. Die Sitze sind aus blauem und rotem Kunstleder, und die Fenster wurden mutmaßlich zum letzten Mal geputzt, als die Beatles noch zusammen waren und »Ticket to Rye« sangen. Sie haben noch Schaffner in diesen Zügen, die hellblaue Hemden tragen und eine Schirmmütze und – wie alle – ungeheuer zuvorkommend sind. Manchmal lassen sie Kinder die Stationen durchsagen oder gratulieren über Lautsprecher zum Geburtstag. Einer von ihnen sang früher die Wettervorhersage. Die Schaffner in den Zügen haben im Gegensatz zu den Delta-Saftschubsen stets gute Laune bis auf einmal im Jahr, Silvester, wenn die Besoffenen frühmorgens die Waggons besteigen. An diesem einen Tag heißt der Metro North-Zug »Vomit comet«, was mit Kotz-Express vielleicht am treffendsten zu übersetzen ist. Es ist gut, dass die Sitze aus Kunstleder sind. Silvester scheuen wir den öffentlichen Nahverkehr.

Ansonsten aber ist der Mann auf diese Züge angewiesen, die ähnlich wie die Flugzeuge selten pünktlich sind. Im Unterschied zu Flügen haben die Bahnfahrten ziemlich hohen Unterhaltungswert. Das liegt gewiss auch an singenden Schaffnern, aber nicht nur. Extrem kurzweilig ist beispielsweise der Aufenthalt im »Bar Car«, einer rollenden Abfüllanstalt, in der sie Bier und Schnaps und Wein und Chips und Erdnüsse verkaufen. Manager in Nadelstreifen trinken Dosenbier oder Jack Daniels und spielen Poker von Grand Central bis nach Connecticut. Vor Monaten war höchster Frevel im Gange, und sie wollten die »Bar Cars« abschaffen, weil die Manager oft aus dem Zug torkeln und trunken in ihre Autos steigen und nach Hause fahren oder vor verkehrswidrig geparkte Bäume. Das gab einen gewaltigen Aufschrei. Petitionen wurden verfasst, das Fernsehen berichtete ausführlich und auch die »New York Times«, und letztlich, Vox Populi!, setzte sich die Trinkerfraktion gegen die Spaßverderber durch. Die Frau hat im Übrigen ein gutes Näschen dafür, wie die Bahnfahrt aus New York in unsere kleine Stadt so war. Sie schnuppert nur und sagt »Bar Car, richtig?«. Ich habe im »Bar Car« viele Freundschaften geschlossen in den theoretisch 35 Minuten von Grand Central in unsere kleine Stadt. Ich hätte sogar die Petition mit unterschrieben, war aber auf Dienstreise und steckte vermutlich im Flugzeug fest.

Bahnfahrten haben im Vergleich zu Flügen nur einen winzigen Nachteil. Im Flugzeug wird man selbst von den Delta-Saftschubsen am Zielort geweckt. Im Zug ist das nicht im Preis inbegriffen, und wenn ich Pech habe, wache ich zuweilen in Stamford, Connecticut auf. Das ist kein guter Ort, um aufzuwachen morgens um zwei. In solchen Fällen muss ich notgedrungen ins Taxi steigen. Wenn ich noch mehr Pech habe, ist die Frau des Hauses noch wach, deren Nase nie trügt. Auch in Zügen muss ein Fluch auf mir liegen. Ich habe oft Pech.

Officers und Gentlemen
Autos, Polizei und Führerschein

Unser Autoverkäufer sah so aus wie deutsche Immobilienmakler oder Springer-Chefredakteure. Peter M. Miceli trug einen dunkelblauen Anzug und Gel im zurückgekämmten Schwarzhaar. Seine Visitenkarte wies ihn aus als eine Art König der Autoverkäufer, auf ihr stand »Legend Leaders«, darunter war ein goldfarbener Diamant gedruckt und die Ziffern 300 und 500. Wir vermuteten, dass Peter irgendwas zwischen 300 und 500 Autos verkauft hatte und dafür mit goldenen Diamanten bezahlt wurde.

Der liebe Nachbar David hatte geraten: »Es ist völlig egal, was für ein Auto ihr kauft, achtet nur darauf, dass es Vierradantrieb hat wegen der Winter hier.« Nun sind und waren weder Mann noch Frau besonders automobilaffin. In Deutschland fuhren wir einen uralten, weinroten Mercedes, der mehr Öl als Sprit verbrauchte und der eine beachtliche farbliche Wandlung durchlief. Das Weinrot verblasste zusehends, und ein grünlicher, patina-ähnlicher Belag überzog langsam die Karosse, die eines Tages auch nicht mehr fuhr. Ein zartes Pflänzchen wuchs aus dem Moos auf dem Dach, und kurz vor unserem Umzug erbarmte sich ein freundlicher türkischer Mitbürger und kaufte uns das fahruntüchtige Kraftfahrzeug für 200 Mark ab.

Wir versicherten uns gegenseitig, ein neues Auto pfleglicher zu behandeln in Amerika, und endeten bei Diamanten-Peter von der Firma Subaru. Das Verhandeln übernahm die Frau, während ich mich um die gelangweilten Töchter kümmerte und Eis kaufen ging. Wir fuhren danach einige Modelle Probe, und ich konnte beim besten Willen keinen Unterschied zwischen den Autos feststellen, bis auf die Farbe. Letzten Endes entschieden wir uns für einen Kombi mit Vierradantrieb wegen der harten Winter. Peter nannte unsere Entscheidung »a very, very good choice«. Das war beruhigend, weil er ja Fachkraft war. Andererseits musste er wohl jedes verkaufte Auto, selbst die übelsten Möhren, »a good choice« nennen, schon wegen des Diamanten auf seiner Karte. Wir bekamen sogar noch einen kleinen Rabatt, weil die Frau Diamanten-Peter davon überzeugte, dass die hellgrüne Farbe des Gefährts nun gar nicht nach ihrem Geschmack sei. Aber Kombis anderer Couleur waren nicht verfügbar, also bekamen wir den Wagen einen Hauch günstiger.

Ich war verblüfft über ihre mir bis dahin verborgene Hellgrün-Blindheit, aber sie sagte: »Die Farbe war mir völlig egal. Ich wollte nur feilschen, denn das macht man hier so.« Ich entdeckte ganz neue Seiten an der Frau.

Wir beschlossen nach dem geglückten Autokauf, alsbald den Führerschein zu machen, vor allem aus versicherungstechnischen, ergo finanziellen Gründen, aber vier Tage später fielen die Türme in Downtown

Manhattan, und Frau und Mann vergaßen die Fahrerlaubnis. Wir vergaßen sie ein Jahr, wir vergaßen sie zwei Jahre. Nach zweieinhalb Jahren stoppte mich die Polizei in unserer kleinen Stadt, weil ich bei Rot über die Ampel gefahren war, wie der Officer sagte, obschon ich hätte schwören können, dass es so gerade eben noch Gelb war mit minimaler Tendenz zu Rot. Der Polizeibeamte verlangte die Papiere und sagte: »Oh, Deutscher.« Er stellte wahrheitsgemäß fest, dass ich seit zwei Jahren illegal den hellgrünen Kombi bewegte, und ich machte ein ahnungsloses Gesicht mit minimaler Tendenz zu dummem Gesicht. Dumm gucken kann ich blendend. Ich muss mich dafür kaum verstellen. Der Beamte war sehr freundlich. Unversehens tratschten wir über Deutschland und Amerika, und er kannte Deutschland und liebte die Autobahn und die Berge und das Bier. Er ließ mich fahren, ohne Bußgeld, nur mit der höflichen Warnung, dass es Zeit sei für den Führerschein.

Die Dumme-Gesicht-Nummer funktioniert in den USA gut. Sie funktionierte auf Dienstreisen und im Urlaub, jeweils wegen Überschreitung des Tempolimits. Der Blick auf einen teutonischen Führerschein führte überall im Land zur sofortigen Assoziation »Autobahn«, und die Cops nickten verständnisvoll, und einige sagten, wir Deutschen hätten es gut. Die Frau hat diesen Trick auch schon mehrmals und mit großem Erfolg angewandt. Sie versteht sich obendrein mit den lokalen Polizisten sehr gut, spendet vor Weihnachten brav für die örtliche Polizei und brachte den Kindern früh bei, den Polizisten in ihren Streifenwagen zuzuwinken. Sie fahren hier nämlich viel Streife.

Vielleicht, weil in unserer kleinen Stadt relativ wenig passiert; das letzte Schwerverbrechen liegt Jahre zurück, ein Auftragsmord aus Eifersucht, aber so was kommt ja in den besten Familien vor. Bis auf diesen Sonderfall kann sich niemand an eine ernsthafte Untat erinnern mit Ausnahme vielleicht der Müllfirma Finocchio, die der Mafia zugerechnet wird.

Ein paar Meilen weiter in der City ist das natürlich schon anders, und mein Freund Angel, inzwischen aufgestiegen zum Captain der New Yorker Polizei und Vorsteher der 30. Wache in Harlem, kann die dollsten Geschichten erzählen über die legendären New Yorker Cops und seine Einsätze in Manhattan. Einmal lud uns Angel ein zu einer Feier der italienischen Brüderschaft der New Yorker Bullen, und im Festsaal sah es so aus, als wäre es ein gigantisches Casting für die »Sopranos« oder eine Neuverfilmung des »Paten«. Angel erzählte, wie Kollegen gelegentlich nach Diebstählen wiedergefundene Autos im Hudson oder East-River oder Long Island Sound versenken, damit sie nicht so viel Papierkram erledigen müssen. Oder von Weihnachtsfeiern in der Bronx, wo neuerdings eine Dame als Polizistin arbeitet, die acht Mal wegen Prostitution vorbestraft war. Er sagte, das sei eine sehr lustige Weihnachtsfeier gewesen, vermutlich so lustig wie die von Bayern München. Ein anderes Mal stellte er mich Michael Scagnelli vor, einem der ranghöchsten New Yorker Polizisten, dessen Büro ein Trophäenschrein ist. Scagnelli jagt nämlich nicht nur Missetäter, und sein Büro und die Räume seiner Mitarbeiter sind voll mit ausgestopften Tieren. Leoparden, Hirsche, Elche stellt er aus im Büro. Dutzende von Viechern hängen an den Wänden hoch über Manhattan, darunter auch seltene oder bedrohte oder solche, die Michael Scagnelli qua Schuss wahrscheinlich zum Aussterben gebracht hat. In seiner Sammlung fehlt eigentlich nur noch ein Menschenkopf.

In unserer Stadt dagegen ist die Polizeistation überschaubar und trophäenrein, und bestimmt arbeiten dort auch keine Teilzeit-Prostituierten, nicht mal bei Weihnachtsfeiern. Wir müssen bei uns auch nicht die Haustüren abschließen. Die Polizisten fahren ja Streife und winken Kindern wie unseren zu. Bei uns ist die Polizei tatsächlich Freund und Helfer.

Vor einiger Zeit verirrte sich ein Eichhörnchen in unser Haus. Es war ein großes, schwarzes Eichhörnchen. In Nordamerika haben graue und schwarze Eichhörnchen die rötlichen europäischen Verwandten weitgehend vertrieben, weil aggressiver. Das aggressive schwarze Eichhörnchen kam also die Wohnzimmertreppe heraufgehopst, wo es der Frau begegnete, die vor Schreck schrie. Auch das Eichhörnchen war erkennbar entsetzt, denn es erleichterte sich auf der Stelle. Frau und Eichhörnchen spielten sodann Katz und Maus. Die Frau öffnete alle Türen, aber das Tier blieb stur im Haus. Der Mann war auf Dienstreise und konnte nicht helfen. Schließlich, in ihrer Not, rief die Frau bei der Polizei an und entschuldigte sich zuallererst: »This is not an emergency, but ...« Der diensthabende Polizist war froh über den Anruf, »don't worry Ma'am, we'll send someone over«. Fünf Minuten später stand Officer Wilkins in der Tür und verlangte das Eichhörnchen zu sehen, welches nach der Inspektion des zweiten Geschosses nunmehr das kleine Bücherzimmer besichtigte und dort mehr oder weniger in der Falle saß. Rudi, unser Hase, beobachtete das Wettrennen aus seinem Käfig heraus erstaunt, und es war nicht ganz klar, zu wem er hielt: Frauchen, Eichhörnchen oder Bulle. Der Officer griff zu einem schweren, braunen Band der Encyclopaedia Britannica und setzte an, damit das Tier zu erschlagen, aber in diesem Moment intervenierte die tierliebe Frau des Hauses und rief: »Stop, Stop, Stop!«. Sie drückte ihm eine frisch gedruckte Ausgabe des *stern* in die Hand, und, so ausgestattet, scheuchte er den Nager durchs Wohnzimmer und von dort durch die Eingangstür. Ich war selten stolzer auf mein Blatt. Die Frau bedankte sich überschwänglich, und der Polizist sprach: »Dafür sind wir doch da.« Vermutlich hatten sie ohnehin nichts Besseres zu tun an diesem Tag.

Unser Verhältnis zur hiesigen Polizei war also grundsätzlich harmonisch und hätte das auch bleiben können, wenn ich nicht eines Tages und ausgerechnet im letzten Jahr in Amerika wieder bei Gelb mit minimaler Tendenz zu Rot über die Ampel gefahren wäre. Diesmal zog das dumme Gesicht auch nicht mehr, oder die Beamten hatten sich schlicht an mein dummes Gesicht gewöhnt. Ich wurde zu 350 Dollar Strafe verbrummt und bekam die Auflage, den Führerschein zu machen, und zwar subito, »sonst wird Ihr Wagen stillgelegt«. Die Frau beschloss, die sechs illegalen führerscheinlosen Jahre in Amerika komplett zu machen, »ich zieh' das jetzt durch«. Aber mir blieb keine Wahl. Ich musste. Obschon mich Freunde und unsere lieben Nachbarn David und Myra ausdrücklich gewarnt hatten. Denn die immer wieder zitierte Freundlichkeit der Amerikaner verflüchtigt sich, sobald sie in Behörden hinter Schaltern sitzen. Am schlimmsten ist die Kombination von Schalter plus Uniform. Als besonders rüde und obendrein komplett inkompetent gelten nun leider die Damen und Herren des »Department of Motor Vehicles«, DMV, welche ausgerechnet für das Ausstellen von Fahrlizenzen zuständig sind. Vor allem die DMV-Damen sind berühmt und berüchtigt in Amerika, jeder kann Horrorgeschichten über sie beitragen. Aber ich mochte die Horrorgeschichten nicht glauben. Inkompetent? Gewiss. Aber rüde?

An einem Freitag morgen begab ich mich gut gelaunt nach Harlem ins DMV-Büro in der löblichen Absicht, dort und mit sechs Jahren Verspätung endlich einen amerikanischen Führerschein zu beantragen. Nach erstaunlich kurzer Wartezeit von einer Stunde traf ich am Schalter auf eine Dame, die in meinem Pass blätterte und von mir einen »Proof of birth« verlangte. Ich sagte, der Beweis meiner Geburt stehe doch vor ihr, und fand das recht amüsant und für meine Verhältnisse schlagfertig. Aber sie fand das weder amüsant noch schlagfertig. Sie schaute mich böse an, denn in Behörden macht man keine Witze, schon gar nicht über sich selbst und generell nicht. Behörden in Amerika sind definitiv humorfreie Zonen. Sie drückte mir einen grünen Zettel in die Hand, schrieb mit roter Kugelschreiberschrift »Proof of birth« darauf und schickte mich zu ihrem »Supervisor«, Schalter 14. Der »Supervisor« war eine Sie, hieß, unvergessen, Carol Jean-Francois, und eigentlich wollte

Officer, ich bin der Fahrer. Hier ist mein Führerschein, das ist nur eine Fußpuppe.

ich ihren schönen Namen loben, aber dann blickte ich in ein steinernes Gesicht und nahm Abstand von dieser Idee. Carol nahm wortlos den grünen Zettel, blätterte spürbar missgelaunt in meinem Pass, stieß auf das Visum und sprach: »Abgelaufen.« Ich dachte im ersten Moment, dass die steinerne Lady doch einen Funken Humor in sich trage, und lachte verhalten über den meines Erachtens nur mäßig witzigen Witz, um guten Willen zu demonstrieren. Aber sie lachte nicht. Das Steingesicht wiederholte bündig: »Abgelaufen.« Ich sagte: »Was ist abgelaufen?«. Sie sagte: »Ihr Visum ist am 7. Mai abgelaufen.« Ich sagte: »Es ist noch viereinhalb Jahre gültig« und zeigte auf die Stelle im Pass, in der zweifelsfrei und sogar auf Englisch stand, dass das US-Visum noch viereinhalb Jahre gültig sei. Aber Carol blieb dabei. Ich bat sie, immer noch höflich, vielleicht doch mal eine Kollegin zu konsultieren, und machte auf diese Art Bekanntschaft mit Mrs. Gibbs, deren Eltern offenbar vergessen hatten, ihr einen Vornamen zu schenken. Mrs. Gibbs blickte gleichfalls steinern, vermutlich Einstellungsbedingung, trug obendrein aber noch eine schwarze Brille, die ihrem Steingesicht noch mehr Strenge und Autorität verlieh. Carol und Mrs. Gibbs zusammen verströmten den Charme eines Exekutionskommandos. Immerhin klärte Mrs. Gibbs ihre Kollegin auf, dass mein Pass in der Tat gültig sei und der Stempel vom Einreise-Beamten stamme. Aber weil Carol leider die Supervisorin war, gewissermaßen Steingesicht erster Klasse, musste Mrs. Gibbs, Steingesicht zweiter Klasse, nun etwas finden, was den Erwerb des Führerscheins zunichte machen würde. Und sie fand. Natürlich fand sie. Sie murmelte etwas von Einreiseformularen, die ich gefälligst beizubringen hätte, die »Applikationsform I 20«. Ich hatte von I 20 in meinem Leben noch nie gehört und fragte, was das sei. Aber Mrs. Gibbs hörte nicht mehr zu und sprach: »Next«.

So endete an einem Freitagmorgen in Harlem der erste Versuch, einen Führerschein zu bekommen.

Der zweite Versuch wenige Tage darauf am Herald Square in Midtown Manhattan verlief zwar erfolgreicher, aber auch nicht ganz pannenfrei. Man kann die theoretische Prüfung dort in Französisch, Griechisch, Hebräisch, Koreanisch, Chinesisch, Russisch und sogar Englisch machen. Ich stellte mich in eine Schlange mit zwei Russen, vier Koreanern, sechs Chinesen, einem Franzosen und drei Amerikanern. Der Mann am Schalter hatte eine verblüffende Ähnlichkeit mit Günter Wallraff, und für einen Moment dachte ich, dass Wallraff womöglich die amerikanische Bürokratie undercover untersuchen wolle. Er trug eine rote Weste und einen »I love New York«-Button« am Revers, und das war das mit Abstand Freundlichste, was ich in den Räumen des »Department of Motor Vehicles« bis dahin erlebt hatte. Als ich endlich an der Reihe war, schaute Wallraff auf meine Papiere und sagte, ich müsse jetzt zu Mister Chu. Ich fragte sehr, sehr vorsichtig und freundlich: »Warum?«, und Wallraff sprach: »Das wird er Ihnen schon sagen.«

Zwei Türen weiter saß Mister Chu, ein Supervisor chinesischer Abstammung, in einem fensterlosen Büro. Er besah meine Papiere, machte hier ein Häkchen und dort ein Häkchen und schickte mich zurück zu Wallraff, der nickte und »Setzen« sagte. Ich setzte mich auf eine Holzbank neben die Koreaner, Chinesen und Russen; an der Wand hing ein Schild mit der Warnung »No Talking in the Testroom«, »Reden im Prüfungszimmer verboten«. Wir schwiegen vor uns hin. Die Atmosphäre hatte etwas von Gefängniswarteraum, und Reden hätte vermutlich unsere sofortige Deportation zur Folge gehabt. Die eigentliche schriftliche Prüfung war leicht und offensichtlich noch aus einer Zeit, als Autos in Amerika keine Blinker hatten, denn im Test wurden die Handsignale für links, rechts und Stopp abgefragt, aber ich wagte nicht zu lachen, wegen der akuten Deportationsgefahr.

Die Dame, die mir schließlich den vorübergehenden Führerschein ausstellte, hieß Mrs. Morales und sprach kein Englisch. Zumindest sprach sie kein Englisch mit mir, sondern schob kleine Zettelchen mit Weisungen über den Counter, auf denen zum Beispiel »52 Dollar« stand. Auf dem Tresen klebte ein Schild »Anlehnen verboten«, aber das sah ich zu spät, worauf Frau Morales strafend guckte, aber immer noch nicht sprach. Nach einer Viertelstunde schob sie einen Bogen in einen Drucker, presste einen grünen Knopf, und heraus kam ein Stück zerhäckseltes Papier, was eigentlich mein Führerschein sein sollte und Mrs. Morales' Laune nochmals sinken ließ, weil sie nun die ganze Prozedur wiederholen musste, Name und Adresse, Telefonnummer, alles. Nach weiteren zehn Minuten schob sie mir wortlos den »Interim Permit«, den vorläufigen Führerschein, zu und entdeckte zu meiner Überraschung ihre Sprache wieder, indem sie »NEXT« schnarrte.

Um aus dem vorläufigen Führerschein einen richtigen Führerschein zu machen, muss der Applikant im Staate New York noch einen fünfstündigen Theoriekurs absolvieren, was ihn dann zum eigentlichen Straßen-Fahrtest befähigt. Zu diesem Zweck begab ich mich abends in die »Professional Driving School of the Americas« in der 23. Straße. Wir saßen zu acht in einem kahlen Raum, und Wilma, unsere Instruktorin, wies uns in die Feinheiten des amerikanischen Straßenverkehrs ein. Neben mir saß ein Holländer mit einem Motorradhelm. Ich fragte ihn, wie lange er schon illegal mit seinem holländischen Führerschein durch New York fahre, und er sagte »fünf Jahre«, und dass ihn die Polizei neulich angehalten und mit Stilllegung seiner Kawasaki gedroht habe, falls er nicht ... Das kam mir sehr bekannt vor. Wir sahen Walt Disney-Zeichentrickfilme und dann eineinhalb Stunden lang eine Art »Der siebte Sinn« auf amerikanisch. Alle Spielarten von Unfällen kamen darin vor, Autos überschlugen sich oder flogen über Klippen, und in der Rubrik »It happened to me« erzählten verunglückte amerikanische Verkehrsteilnehmer, wie sie sich überschlagen hatten oder über Klippen geflogen waren. Als es um Alkohol und Führerscheinentzug ging, hofften der Holländer und ich, dass nun Bush auftreten und erzählen würde, wie und warum er in den 80ern trunken den Lappen verlor, aber der Film datierte leider noch aus der Prä-Lappenverlust-Ära. Nach vier Stunden hatte Wilma Erbarmen mit uns und händigte uns ein Teilnehmer-Zertifikat aus, das uns für die praktische Fahrprüfung qualifizierte.

Amerika ist grundsätzlich ein Land der Zertifikate. Für alles gibt es Zertifikate. Für alles braucht man auch Zertifikate und wenigstens Beglaubigungen. Die Flut an Zertifikaten und Beglaubigungen und Papierkram wird nur noch getoppt durch die Flut an Preisen, den awards. Jeder US-Bürger hat in seinem Leben schon mal für irgendwas einen Preis bekommen. Das ist sehr schön und sollte mit sofortiger Wirkung per Gesetz in Deutschland eingeführt werden, einfach so und zum Wohlfühlen. Es ist leichter, in Amerika einen Preis zu bekommen, als Zertifikate von Behörden. Wer glaubt, deutsche Behörden seien der Gipfel an Bürokratie, leistet in den Vereinigten Staaten Abbitte. Uns war zügig klar, wie Mohammed Atta ein halbes Jahr nach den Terror-Anschlägen des 11. September noch ein neues Visum ausgestellt bekommen konnte. Einen Führerschein hatte Atta im Übrigen auch. Und mir damit etwas voraus.

Das sollte sich an einem klaren Wintermorgen ändern. Mein Kumpel Johannes fuhr meinen Freund Bernd und mich zum Testgelände des »Department of Motor Vehicles« in White Plains, nördlich von Manhattan. Praktische Fahrprüfungen in Amerika sind ebenso leicht wie theoretische Prüfungen, jeder Doofmann besteht sie. In unserem Bekannten- und Freundeskreis gibt es nicht einen, der jemals durchgerasselt wäre. Nicht einen.

Neun Wagen standen in der Schlange vor uns, die Prüferin trug eine blaue Uniform mit einem goldenen »DMV«-Logo auf ihrem Politessen-Häubchen. Sie hatte keinen Namen, sondern firmierte unter »Examiner 804«, was mich an Pathologen erinnerte. »Examiner 804« stieg auf den Beifahrersitz in die Autos der Führerschein-Kandidaten, fuhr mit ihnen fünf Minuten um den Block und kehrte hernach ans Ende der Schlange zurück. Komischerweise machten die Prüflinge nach der Rückkehr ein Gesicht, als seien sie unterwegs dem Leibhaftigen begegnet oder zumindest einer Pathologin. Sie kriegten von »Examiner 804« ein Zettelchen ausgedruckt und schüttelten den Kopf und schimpften. »804« kümmerte sich nicht weiter um die Schimpfenden, stieg aus und in den nächsten Wagen, und die Prozedur wiederholte sich. Fahren, anhalten, Kopf schütteln, schimpfen. Leichen pflasterten ihren Weg. Die Wagenkolonne erinnerte an einen Trauerzug; lediglich einmal freute sich ein junges Mädchen und fiel ihrem Fahrlehrer um den Hals. Der Fahrlehrer wünschte Bernd und mir »good luck«, und Bernd sagte mehrmals »Oh, oh«, als er in die Gesichter der Geprüften schaute. Dann war er an der Reihe und glaubte durch eine freundliche Geste seinerseits, »Hi, I'm Bernd, nice to meet you«, die DMV-Pathologin gnädig stimmen zu können, aber die schüttelte seine Hand widerwillig und herrschte ihn an, sich zügig in den Wagen zu setzen. Fünf Minuten später erschien Bernd mit hochrotem Kopf hinterm Steuer am Ende der Schlange und kriegte die Quittung, »Does not meet standard for licence. Please reschedule a test«.

Ich hörte ihn fluchen und wollte noch fragen, auf welche Ecke ich besonders achten müsse, aber »804« saß schon neben mir, kontrollierte die Papiere und befahl mit einer Automatenstimme: »Drive«. Ich versuchte, alles richtig zu machen, schließlich sind Fahrprüfungen in Amerika idiotensicher, selbst Bush hat wieder einen Führerschein. Ich schaute öfter als üblich in den Spiegel und sogar über meine Schulter, ich fuhr nicht zu langsam und nicht zu schnell. »804« hatte den Gesichtsausdruck einer Totenmaske, aber das war mir egal, denn ich war gut unterwegs; an einer Ampel sollte ich rechts abbiegen. Wir hatten Grün und die Fußgänger auch, also wartete ich ordnungsgemäß, und plötzlich knarzte die Totenmaske: »That's it.« Ich dachte, der Test sei vorüber und ich hätte bestanden, aber, wie sich herausstellte, sah »804« in mir ein Verkehrshindernis, »ein Lkw hätte uns hintendrauf fahren können«, und auf meiner Quittung stand »poor judgement approaching intersections«, »falsches Einschätzen beim Annähern an eine Kreuzung«. Exakt das stand auch auf Bernds Zetelchen und vermutlich auf allen anderen der Gescheiterten, acht von neun an diesem Morgen. Wir debattierten noch für ein paar Minuten mit der Pathologin, und ich fragte sie, ob es besser gewesen wäre, die Fußgänger zu überfahren, aber sie drehte sich um und rief uns »reschedule« zu. Bernd und ich fühlten uns klein und dumm und überlegten lange, ob wir unser betrübliches Versagen überhaupt jemandem beichten sollten. Wir verständigten uns auf engste Freunde und Angehörige und sonst niemanden.

Die Frau mochte es kaum glauben, sie lachte, die Töchter dachten an einen Witz, »ach komm«, und die ältere sprach: »Bei mir in der Klasse haben schon drei Leute den Führerschein, und du schaffst das nicht?« Ich erzählte von der hohen Durchfallquote an diesem Tag, »eine bestanden, acht durchgefallen«. Normalerweise redeten die Töchter so mit uns, wenn eine Arbeit in der Schule danebengegangen war. Am Ende konnten wir uns darauf einigen, dass die Pathologin vielleicht einfach nur einen schlechten Tag hatte oder einen schlechten Monat oder ein schlechtes Jahr oder ein schlechtes Leben. So was passiert ja.

Bernd und ich beantragten anderntags online sofort einen neuen Prüftermin. Wir fuhren sogar heimlich die Teststrecke ab, obwohl das streng verboten ist. Wir freuten uns sogar auf »804«, wir wollten Rache. Es sollte unser Pay-Back-Day werden. Zwei Tage vor der zweiten Prüfung fiel Eisregen in New York. Ich stürzte aber nicht draußen, sondern groteskerweise im Bahnhof Grand Central Terminal; es muss dort wohl glatt gewesen sein. Der linke Knöchel schmerzte höllisch, das rechte Knie schwoll auf Handballgröße. Es war kein schöner Anblick, und ein freundlicher Polizist wollte sogar einen Krankenwagen rufen, was ich dankend ablehnte und zum Zug humpelte. Der Arzt röntgte am nächsten Morgen die geschundenen Gelenke. »Glück gehabt«, sagte er, »nichts gebrochen, nichts gerissen, aber schlimm gedehnt.« Er verschrieb Salbe und starke Schmerzmittel und: »Absolutes Fahrverbot, versteht sich.« An diesem Morgen, wenige Wochen vor unserem Rückzug nach Deutschland, endete ein für alle Mal mein Versuch, in Amerika die Fahrerlaubnis zu bekommen.

Bernd schwört unterdessen, Pathologin »804« habe ansatzweise gelächelt, nachdem er bestanden hatte.

Flaschengeist und Mettbrötchen oder: »Who the fuck is Alice?«

Abschied und Rückkehr

Wir haben lange, lange Abschied genommen von Amerika. Ziemlich genau sechs Jahre lang. Unsere Vermieterin Rosa tat von Anfang an nämlich alles, um uns den Abschied zu erleichtern. Das begann mit der hohen Miete und Rosas Geschichte. Sie hatte die Villa Kunterbunt zuvor bewohnt, dort eine Art Wohngemeinschaft für esoterische Pensionäre betrieben, mit denen sie Yogakurse auf der Terrasse abhielt. Irgendwann hatten die Alten die Nase voll von Frühgymnastik oder von Rosa oder von beidem. Sie zogen aus, und Rosa glaubte, das Haus in einem 1A-Zustand hinterlassen zu haben. Grober Unfug natürlich.

Rosa war notorisch geizig und weigerte sich strikt, selbst dringend notwendige Reparaturen zu bezahlen, was zur Folge hatte, dass wir winters vier Jahre lang erbärmlich froren wegen fehlender Isolierung im Kabelsalat-Keller und deshalb mit dicken Pullovern und überforderten Radiatoren im Wohnzimmer kauerten. In der Küche war es kaum besser. Frostblüten an den Fenstern, innen. Im fünften Jahr entdeckte die Frau durch Zufall – eine Kartoffel war zu Boden gefallen und unter einen Schrank gerollt –, dass in der Küche sehr wohl eine Heizung existierte, allerdings famos getarnt als Belüftungsschacht unterm Spind. Ein spitzer Schrei kündete von ihrem Fund, denn von nun an war es nicht mehr nötig, frühmorgens um halb sieben den Backofen, unseren langjährigen Heizungsersatz, auf volle Temperatur zu stellen und dessen Tür zu öffnen, um eine Andeutung von Wärme zu ergattern.

Das war ein schöner Tag für unsere Kleinfamilie.

In diesem fünften Jahr hatte unsere Vermieterin auch ein Einsehen und ließ den Keller notdürftig isolieren, aber nur auf sanften Druck der Frau, die damit gedroht hatte, das lokale Fernsehen zu alarmieren.

Das einzig Positive an Rosa war, dass sie eineinhalb Jahre brauchte, bis sie uns erstmals persönlich heimsuchte. Es war kurz vor dem Irak-Krieg, Rosa inspizierte ihr Eigentum und versprach Verbesserungen hier wie dort. Keller wird gemacht. Das Dach wird gefixt, in der Einfahrt kommen Steine auf den Lehm, an die Straße kommen Bäume, die Yogaterrasse wird gestrichen. Hörte sich gut an, waren aber Fensterreden. Dann kam sie auf den bevorstehenden Krieg im Irak zu sprechen. Rosa konnte partout nicht verstehen, warum Präsident Bush den Irak überfallen wollte, wo doch das ölreiche Kanada gleich ums Eck läge und rein invasionstechnisch allemal zugänglicher sei, »can you understand that?«. Ich sprach von den meines Wissens nach gut nachbarschaftlichen Beziehungen zwischen den USA und Kanada und davon, dass Kriege generell keine besonders segensreiche Beschäftigung seien, aber Rosa ließ nicht locker und faselte – vermutlich vom Geiz befeuert – krudes Zeug über steigende Ölpreise und Kanada als eine Art Energie-Reservoir fürs »homeland«. Die Frau warf mir einen Blick zu, aus dem schiere Verzweiflung sprach, aber ich intervenierte nicht länger aus Angst vor einer Mieterhöhung. An diesem Tag verriet ich die sympathischen Kanadier an unsere geizige Vermieterin und fühlte mich elend. Rosa und wir wurden nie Freunde.

Acht Monate vor unserem Abschied entschloss sie sich, das Haus nicht länger zu vermieten, sondern zu verkaufen. Fortan trampelten an jedem Wochenende Fremde durch die Zimmer, assistiert von Immobilienmaklerinnen, die stets »look, how wonderful« sagten. Die meisten Besucher nickten, blickten gegen Ende ihres Rundgangs in den Kabelsalat-Keller und nahmen Abstand von der Idee, die Villa Kunterbunt zu kaufen.

Rosa wurde darüber zunehmend ungeduldig. Sie lebte nunmehr in Upstate New York in einem Ashram, und eines Tages rief sie an und bat die Frau, einen kleinen Türknauf vom Küchenschrank in die Post zu stecken. Rosa erklärte, dass der Knauf in eine Flasche käme und ihre Ashram-Freunde sodann Gebete für den Hausverkauf in die Pulle sprechen würden, die anschließend verkorkt und einem Fluss mit direktem Seezugang übergeben würde. Die Frau bekam einen Lachanfall, steckte aber dennoch den Knauf in die Post.

Nutzte nichts, falscher Fluss bestimmt, und wir fragen uns heute noch, ob irgendein Mensch den Flaschengeist in North Carolina oder Langeoog aus dem Meer gezogen und sich darüber gewundert hat, welche Idioten Türknäufe in Pullen verschicken.

Zwei Wochen später rief Rosa wieder an und fragte

mit speicheltriefender Freundlichkeit, ob wir etwas dagegen hätten, wenn im Garten eine St. Joseph-Figur vergraben würde. Der heilige Joseph, lernte die Frau bei diesem Telefonat, ist der Schutzpatron der Immobilienmakler; bei problematischen Häuserverkäufen, wozu unserer augenscheinlich zählte, neigen die Makler dazu, ein sogenanntes »St. Joseph-Kit« zu erstehen – eine Figur aus PVC plus Beerdigungssack aus Leinen oder Plastik, alles für 8 Dollar 95 – und Joseph dann koppheister in der Erde zu vergraben. Tausende von amerikanischen Maklern schwören auf diesen Quatsch. Die Frau dachte wie beim Knauf zunächst an einen Scherz, bis ihr einfiel, dass Rosa komplett humorfrei ist und von Natur aus überhaupt keine Witze machen kann. Sie willigte ein. Drei Tage später stand der Gatte einer Maklerin mit einer Schüppe und dem heiligen PVC-Joseph im Garten, zog ein »Meine-Frau-spinnt-total«-Gesicht, verbuddelte aber brav den heiligen Joseph mit dem Kopf nach unten in der Wiese.

Das half.

Kurz darauf hatte Rosa das Haus verkauft an eine nette, ahnungslose Kleinfamilie aus Manhattan, die kein Problem mit dem Stützpfeilerwald und dem Kabelsalat im Keller hatte. Bei der letzten Inspektion indes fiel auf, dass noch ein uralter Öltank im Garten ruhte, der dort nicht hingehörte und den Rosa aus Geizgründen nie hatte entsorgen lassen. Das Ding musste raus, und bei dieser Gelegenheit kam auch der heilige Joseph wieder zum Vorschein, eingepackt in den »protective burial plastic bag«. Joseph sah nicht glücklich aus.

Wir können nicht sagen, dass uns Rosa sehr gefehlt

hätte beim Abschiednehmen von Amerika. Alles andere – bis auf George W. Bush und seine Verbrecherbande – würden wir vermissen. Alles. Und, noch schöner, wir würden sogar vermisst werden. Todd von der »Liquor Pantry« schüttelte bekümmert sein Haupt, als er von unserer unwiderruflichen Rückkehr erfuhr, »what a shame!«. Er kam sogar eigens bei uns zu Hause vorgefahren, überreichte drei Flaschen Wein und sagte »Farewell«. Unsere Freunde und Nachbarn hofften monatelang noch auf eine Fügung des Schicksals, und es hätte uns nicht gewundert, wenn sie Gebete in leere Weinflaschen aus Todds Bestand gesprochen und die Pullen der See übergeben hätten.

Am meisten aber litten die Töchter, die anfangs nicht nach Amerika wollten und nun nicht mehr zurück. Die jüngere möchte nun Tänzerin werden, die ältere, vermutlich von »Bad Cat's« Streifenhörnchen-Massakern traumatisiert, gab das Interesse am Beruf der Tierärztin auf und will irgendwas mit Sprachen machen. Wenn's gar nicht anders geht, sogar Journalismus, aber dann auf jeden Fall anders als ihr Erzeuger. Am liebsten in Englisch, das sie nicht sprach und nicht verstand, als wir ankamen in Amerika. Sie spricht nunmehr in breitem New Yorker Slang davon, in Amerika zu studieren, und bislang haben Frau und Mann noch nicht den Mut gehabt, ihr zu beichten, dass wir dafür im Lotto gewinnen müssten. Aber sie ist fest entschlossen, und wenn ihr Opa mütterlicherseits anruft und fragt, was sie sich zu Weihnachten wünscht, sagt sie: »240 000 Dollar wären gut. Das reicht für sechs Semester.« Er ist ein vorbildlicher Großvater, er lacht herzlich aus 6500 Kilometer Entfernung, aber die Tochter meint das wenigstens semi-ernst, und darüber geht auch dem Opa das Lachen verloren.

Abends beim Essen redeten wir nun oft über Deutschland und Hamburg und versuchten, den Kindern ihre alte Heimat wieder schmackhaft zu machen. Frau und Mann gaben sich alle Mühe, genau wie vor sechs Jahren – nur dieses Mal in andere Richtung. Wir erzählten über die Vorteile von Deutschland. Wir redeten uns unter Zuhilfenahme von Todds Abschiedsweinflaschen Deutschland richtig schön. Je später der Abend, je leerer die Flaschen, desto schöner Deutschland. Dass dort alles funktioniere: Häuser, Waschmaschinen, Strom, Straßen, Züge, Flugzeuge, alles. Wir schwärmten vor den Töchtern von unserem alten, kleinen Haus, in das wir – Glückes Geschick – wieder ziehen würden, und die ältere Tochter sagte knapp: »Das ist genau das Problem: klein und alt. Wie ganz Deutschland.« Ich hob an zu einer Rede über die Vorzüge teutonischer Ernährung, weniger Fett, mehr Substanz. Über Graubrot, Grünkohl und Mettbrötchen, aber auch die Rede ging nach hinten los. »Mettwurst«, dozierte die durch modernen Biologieunterricht gestählte Ältere, »ist das Widerlichste, was sich Menschen je haben einfallen lassen, und du solltest so was schon gar nicht essen, denk mal an deinen Cholesterinspiegel.« Die Jüngere sekundierte geschwisterlich, dass wir sie jagen könnten mit Grünkohl. Bis zum allerletzten Moment auf amerikanischem Boden befanden sich die Töchter nach eigener Diagnose im »state of denial«, Ablehnung, der ersten Phase bei der Trauerbewältigung.

Wir misteten aus, Berge von Schrott – alte Stühle,

alte Tische, alte Lampen, alte Matratzen, alte Farbtöpfe, alte Reifen – lagerten im Garten, und das beim Hinzug havarierte Klavier verschenkten wir an einen benachbarten Musiklehrer. Wir trennten den Müll politisch korrekt, Chemikalien und Holz und Glas und Papier und Plastik, und irgendwann kam Joey, unser Müllmann, und warf alles, getrennt oder nicht, in seinen Wagen und stellte den Schredder an, und es ächzte und krächzte aus dem Wagenbauch, während ein vermutlich hoch-toxischer Abfallbrei entstand. Frau und Mann standen entgeistert daneben, die Frau schrie noch: »Aber, aber!«, und Joey sprach nur: »Ich hab's euch doch schon so oft erklärt: Alles kommt auf einen Haufen«.

Al Gore tat mir leid. Schon wieder.

Für die Organisation des Rückzugs war wie für den Hinzug die Frau des Hauses verantwortlich. Man muss eine Menge bedenken bei Umzügen, und in organisatorischen Dingen ist die Frau dem Mann klar überlegen. Nicht nur bei uns ist das so. Aber bei uns ist das besonders so. Die Frau musste sich beispielsweise um die Rückführung des Haus-Hasen Rudi kümmern. Meine Freunde in »Jimmy's Corner« konnten nicht glauben, dass wir einen Hasen nach Deutschland fliegen würden, »kannst du ihn nicht freilassen?« oder »kann er nicht zufällig vom Auto überfahren werden?«, »könnt ihr ihn nicht verschenken?«. Selbstverständlich hatte ich sämtliche Optionen erwogen, aber die innerfamiliären Sanktionen wären drakonisch ausgefallen, Liebesentzug!, und ich verabschiedete mich von allen weiteren Gedankenspielen. Es kam auch kein Blitz aus heiterem Himmel, wie vor Jahren bei unseren Freunden, die auf diese wundersame Weise unmittelbar vor ihrem Umzug zwei Kaninchen verloren. Und also würde Rudi über den Atlantik fliegen, für sage und schreibe 250 Dollar, was exakt das 250-fache seines Anschaffungspreises von einem symbolischen Dollar war. Für 250 Dollar düsen Erwachsene von New York bis in die Karibik und zurück. Rudi wurde noch untersucht, für gesund und flugfähig befunden, und damit war auch die letzte, die allerletzte Option dahin, Töchter und Frau freuten sich, und ich machte gute Miene zu falschem Spiel mit Rudi Rabbit.

Wir feierten unterdessen eine Menge Abschiedspartys in New York. Eine Abschiedsparty für die werten Kollegen. Eine Abschiedsparty für enge Freunde. Eine Abschiedsparty für Freunde, eng oder nicht. Eine Abschiedsparty mit unseren lieben Nachbarn David und Myra, eine Überraschungsparty von den Kollegen, eine Überraschungsparty von den Tanzfreunden der Frau. Eine Abschiedsparty für die ältere Tochter, eine für die jüngere. Und zwei Überraschungspartys von den Freundinnen und Freunden der Töchter. Zudem verabschiedete ich mich sehr persönlich und intensiv aus meinen New Yorker Lieblingsbars, und ich hatte viele Lieblingsbars.

Abschiede sind sehr feuchte Angelegenheiten, und deshalb kann man nicht früh genug damit anfangen. Wir fingen etwa drei Monate vor dem Rückflug an. Das war eine weise Idee. Am Tag nach der definitiv letzten Abschiedsparty ging ich noch einmal durch die Villa Kunterbunt, noch einmal in den Kabelsalat-Keller, noch einmal über die Yogaterrasse. Dann setzte ich mich ins Flugzeug, ließ Frau und Töchter in

Amerika zurück und bildete in Hamburg gewissermaßen die Vorhut für die Sippe. Die Töchter waren immer noch in der Phase des »state of denial«.

Ankünfte sind eine sehr feuchte Angelegenheit. Ich feierte Wiedersehen mit den Kollegen, mit der Familie, mit engen Freunden und Freunden. Und danach arbeitete ich eine Liste von Aufträgen der Frau des Hauses ab – Anmeldung, Kindergeld, Telefon, Strom, Wasser, Internet, Fernsehen. Eben alles, was der Mensch braucht, um zu funktionieren. Es muss dabei lobend erwähnt werden, dass deutsche Beamte im Vergleich zu amerikanischen Staatsdienern a) kompetent, b) freundlich und c) kein Witz: schnell sind. 1:0 für Deutschland. Überhaupt neigen Menschen nach einer längeren Zeit im Ausland zu allerlei Vergleichen zwischen alter und neuer Heimat. Das ist manchmal nicht besonders fair, aber immer fair ist langweilig.

Also.

Das, was Deutschland an Beamtenkompetenz Amerika voraus hat, macht die Telekommunikation mit einem Schlag wieder zunichte. 1:1, also. Der an sich harmlose Vorgang der Telefon- und Internet-Bestellung erwies sich – verglichen mit den USA – als ein einziges Desaster, und ich wünschte mir die Zeiten zurück, als die Post noch ein Monopol besaß. Ich holte auftragsgemäß Erkundigungen ein über Preise, Service, Flat-Rates für Gespräche mit Amerika und Mobiltelefone. Ich fragte Freunde und Kollegen und Verwandte. Zehn Leute gefragt, zehn verschiedene Meinungen eingeholt. Nach Rücksprache mit der Frau entschieden wir uns für das Telekommunikationsunternehmen »Alice«, wegen des hübschen Namens schon. »Alice« klingt weicher, freundlicher, erotischer und schlicht besser als das schneidige »Telekom«. Ein bisschen klingt »Alice«, Absicht?, sogar nach Telefonsex. Auch nicht schlimm. Ein junger, freundlicher Herr im Kundenzentrum beglückwünschte mich zu unserer Wahl, riet aber davon ab, die von »Alice« offerierten Handys zu kaufen, weil, wie er befand, »die Dinger ziemlicher Schrott sind«. Das hätte mich stutzig machen sollen, aber ich glaubte noch an das Gute in »Alice«. Noch. Zum Ende unseres einstündigen Kundengespräches teilte er mir mit, dass sich in Bälde ein Mitarbeiter der Deutschen Telekom bei uns melden würde, der in unserem Haus die Leitung »aufschalten« müsse, was immer das zu bedeuten hatte. Wenn die Leitung erst einmal aufgeschaltet sei, sagte er, ginge alles ganz schnell. Er hatte große Ähnlichkeit mit Guido Westerwelle, und auch das hätte mich stutzig machen sollen.

Es dauerte die Bälde von vier Wochen, bis sich ein Telekom-Mitarbeiter an einem Freitag »für ein Zeitfenster zwischen 8 und 16 Uhr« ankündigte, was meiner Rechnung nach zeitfenstertechnisch einem kompletten Arbeitstag entsprach, mithin: Zumutung für Menschen mit Beruf. Der Telekom-Mann erschien schon um 9.30 Uhr, und ich fragte ihn nach dem opulenten Zeitfenster von acht Stunden, worauf er sagte: »Hätten Sie Telekom als Anbieter gewählt, wäre es schneller gegangen.« Das war immerhin ehrlich. Er stellte fest, dass unser Telefon in Wahrheit im Keller der Nachbarn »aufgeschaltet« werden müsse, welche zu seiner Verwunderung um diese Zeit arbeiteten. Dann fuhr er nach Hause ins Wochenende.

Exakt eine Woche darauf erschien in einem »Zeitfenster zwischen 8 und 16 Uhr« ein weiterer Telekom-Mensch, der sehr wohl in unserem Haus die Leitung fand und endlich aufschaltete; mit der Konsequenz allerdings, dass unsere Nachbarn nicht mehr telefonieren konnten. Das war mir peinlich, und ich begann auf »Alice« zu fluchen, auf Englisch und auf Deutsch, Erotik hin, Erotik her.

Während ich mich mit den Hightech-Tücken des teutonischen Alltags mühte, plante die Frau in New York den Umzug bemerkenswert pannenfrei. Sie brachte sogar den Haus-Hasen Rudi zum Flughafen, der als Luftfracht und Vorhut zwei nach Deutschland flog. An einem kühlen Freitagmorgen landete er mit dem Continental-Flug 74 in Hamburg. Das Tier musste durch den Zoll, und also wartete ich an einem Schalter auf den Käfig und machte Bekanntschaft mit deutschem Beamtenhumor. »Ein Hase?«, fragte der Zöllner erstaunt. Er habe ja schon viel erlebt, aber einen fliegenden Hasen noch nie. Er beugte sich vor und fragte: »Warum haben Sie denn nicht …?«, und er imitierte mit der Handkante die Kehlenschnittbewegung. Aus dem Hintergrund rief einer seiner Kollegen: »Hase? Das kann noch dauern, mindestens eine Stunde. Der Rotkohl ist noch nicht fertig.«

Für Zöllner war das ein einigermaßen gelungener Scherz, speziell verglichen mit Amerika, wo Beamte nie lachen: 2:1. Eine Stunde später war Rudi Rabbit durch den Zoll. Er sah ziemlich verstört aus, Jetlag vermutlich.

Wenige Tage und diverse Abschiedspartys später flogen Frau und Töchter. Die drei hatten das Möbelpacken und Kisten-in-Container-Schleppen fabelhaft und unfallfrei gemeistert. Trotz oder vielleicht wegen meiner Abwesenheit am Umzugstag in Amerika. Egal. Sie kamen unglücklicherweise Anfang Februar in Deutschland an, jener Zeit, da in Hamburg der Übergang von frühem Morgen zu frühem Abend so fließend wie der Regen ist, wohingegen in New York um diese Jahreszeit ... aber lassen wir das: 2:2. Die Töchter waren immer noch im »state of denial«, und als ich nach ein paar Tagen einmal zaghaft anregte, vielleicht in eine der nächsten Trauerphasen »Hoffnung« oder sogar »Akzeptanz« zu schlüpfen, erwiderte die Ältere: »Meine Seele ist noch im Container, und der Container ist noch auf dem Atlantik. Klar?«

Alle unsere Seelen waren noch im Container. Klarer Fall von »state of denial« meinerseits.

Wir wohnten, bis unser altes Haus zu Ende renoviert war, beim Großvater, wir aßen viel Graubrot und einmal sogar Grünkohl, aber nie Mettbrötchen wegen des Cholesterins. In Amerika war gerade Vorwahlkampf, der spannendste seit Jahrzehnten, und in Deutschland waren Landtagswahlen, verlässlich langweilig seit Jahrzehnten. Wir vermissten Barack Obama und sogar Hillary Clinton: 2:3. Aber immerhin, ein Lichtblick am trüben Hamburger Himmel, freuten sich die Töchter sehr, wann immer sie ein Plakat des Fliege-tragenden Hamburger FDP-Politikers Hinnerk Fock entdeckten, der sie natürlich an das verbotene f-Wort erinnerte: 3:3. Herr Fock fiel leider bei den Wahlen durch, vermutlich wegen der Fliege.

Wir versuchten, den Kindern den Übergang von der amerikanischen in die deutsche Welt möglichst leicht zu machen. Sie durften beispielsweise mehr Fernsehen als in Amerika, aber das war eher kontraproduktiv. Denn zu unser aller Erschüttern mussten wir feststellen, dass das Niveau des deutschen Bildungsfernsehens seit dem letzten Besuch nochmals gesunken war, was kaum möglich schien: 3:4. Ich rief bestürzt einen Familienrat ein und sprach: »Wir brauchen eine Satellitenschüssel mit möglichst vielen englischen Kanälen, sonst drehen wir hier kollektiv durch.« Das wurde an diesem Abend einstimmig beschlossen.

Wenige Wochen später kam der Container an mit unseren Klamotten und unseren Seelen drin. Fünf gleichermaßen kräftige wie kompetente Möbelpacker trugen Kisten, schraubten, sägten, und alle fünf konnten – verglichen mit amerikanischen Möbelpackern – fließend IKEA: 4:4. Seitdem wohnen wir wieder in unserem kleinen, alten Haus, in dem, vergleichsweise, alles funktioniert. Die Fenster klappern nicht bei Wind und Wetter, die Waschmaschine läuft auch ohne Klempnerbesuche von Dave, das Licht geht an, die Heizung heizt: 5:4. Nachdem ihre Seele eingetroffen war, verließ die ältere Tochter auch den »state of denial« und näherte sich dem nächsten Schritt »Hoffnung«. Die jüngere Tochter sprang noch einen Schritt weiter in die Phase der »Akzeptanz«. Wir schauen kaum deutsches Fernsehen, nur Nachrichten und Fußball. Wir schauen aber wieder, alte Gewohnheit, CNN. Wir lernten sogar den CNN-Moderator Anderson Cooper lieben, den wir in Amerika verabscheut hatten. Entfernung macht milde: 5:5. Die vielen amerikanischen DVDs helfen über lange Wintertage, die in

Zurück in Deutschland

Hamburg gefühlt von Oktober bis Mai dauern. Gelegentlich fällt die Frau des Hauses sogar in längst verschüttet geglaubte deutsche Tugenden zurück: »Es gibt kein schlechtes Wetter, es gibt nur unpassende Kleidung.« Was bleibt ihr übrig? Was bleibt uns übrig?

Wenn Telefon und Internet ausfallen, was ständig passiert, ruft eine der beiden Töchter garantiert: »Who the fuck is Alice?« Beide fluchen mehr in Deutschland, weil anscheinend alle mehr fluchen in Deutschland und das f-Wort oder das s-Wort benutzen. Wir müssen wohl angekommen sein. Es hat viel, viel länger gedauert als eine Containerfracht von New York nach Hamburg mit unseren Seelen drin.

Wir leben mittlerweile schon fast zwei Jahre wieder in Hamburg. Wir verfolgten aus der Distanz gebannt den US-Wahlkampf und Monate später die öde teutonische Kanzler-Kür und beneiden ergo die Amerikaner noch mehr um Obama. Manchmal macht die ältere Tochter Witze über deutsche Politiker, über die vielen Pofallas und Westerwelles, »nicht mal lustige und saftige Skandale kriegen sie hier hin, diese Graugesichter«. Sie will nach dem Abi erst mal ins Ausland flüchten. Schon wegen der besseren Polit-Skandale andernorts, Italien oder Frankreich vielleicht, USA bestimmt. Wir alle vermissen Amerika, keine Frage. Aber wir sind zurück, irgendwie. Und leben seitdem zwischen den Stühlen.

Thanks!
Ein Dank an fast alle

Dieses Buch begann bei uns im Garten. Es war eine laue, warme Sommernacht irgendwann im Juli oder August 2006, die Grillen zirpten nach dem Grillen. Mein Freund Til Mette, meine Frau und ich saßen dort und redeten über Gott und die Welt und bestimmt auch über George W. Bush, weil wir stets über den Unvermeidlichen redeten. Wir lachten trotz Bush viel an diesem Abend, der fließend überging in eine laue, warme Nacht. Irgendwann sagte die Frau: »Warum macht Ihr beiden Verrückten kein Buch zusammen?« Til und ich guckten uns an, nickten, und so fing das an.

Zwei Jahre sind vergangen, und nun ist es fertig, das Buch. Aber es wäre nie fertig geworden ohne die Unterstützung und Hilfe von Frau, Töchtern, Freunden, Kollegen, Verwandten. Deshalb in Kürze und in der Hoffnung, niemanden vergessen zu haben, der Dank an:

Den *stern*, der unsere Familie im Spätsommer 2001 in die USA schickte und alles möglich machte. Die Kolleginnen und Kollegen im New Yorker Büro, Rüdiger Barth für seinen goldenen Einfall, mir Thomas

Hölzl von Eggers & Landwehr vorzustellen, der das Projekt auf den Weg brachte. Unsere Lektorin Bettina Feldweg und alle Menschen bei Malik. Peter Juppenlatz für seine Ideen und Verbesserungen. Mica und Sylvie und Severin und Klaus und Uli und Bernd und Volker und Tobias und Barbette und Barbara und Julia und Dave und Danny und Han und Christine, weil ich ihnen einfach immer dankbar sein werde. An Saj und Matthew und die gesamte Gang, die schon wissen, warum. Und überhaupt: Dank an alle handelnden Personen in diesem Traktat – mit Ausnahme unserer Vermieterin und George W. Bush. Aber wenn dieses Buch erscheint, packt der gerade seine Koffer im Weißen Haus und zieht alsbald auf seinen texanischen Bauernhof. Endlich. Es sei ihm an dieser Stelle leidvoll versichert, dass Umzüge entsetzlich nerven. Und das hat er sich redlich verdient.

Hamburg, im September 2008

PIPER

Paul Watzlawick

Gebrauchsanweisung für Amerika

159 Seiten mit sieben Zeichnungen von Magi Wechsler.
Gebunden

Die USA eignen sich zum Traumland wie zum Feindbild: Im Lande der unbegrenzten Möglichkeiten gibt es bis heute noch keine runden Fußbälle, und seine Bewohner können immer noch nicht mit Messer und Gabel gleichzeitig essen. Grund genug, sich dem erfahrenen Atlantik-Pendler Paul Watzlawick anzuvertrauen ...
Diese »Gebrauchsanweisung« ist kein Reiseführer im landläufigen Sinn, sie erwähnt keine Kathedralen und Museen, sondern will dem Europäer die USA-Wirklichkeit näherbringen – von der tierisch ernsten Zollkontrolle am Flugplatz, den unvermuteten Tücken der amerikanischen Uhrzeit, des Datums, der Maße, Gewichte und Adressen, von Kredit und Kreditkarten sowie den Merkwürdigkeiten der Umgangssprache bis zum Begründer dieser Gewohnheiten und Institutionen, dem »homo americanus«. Auch an sich trockene Themen wie Verkehrsgesetze oder Dienstleistungen des Telefons werden leicht, humorvoll und manchmal boshaft behandelt.

01/1221/01/R

Verena Lueken

Gebrauchsanweisung für New York

176 Seiten. Gebunden

5400 Hochhäuser, mehr als 180 Sprachen und der einzige Ort in den USA, an dem man ernsthaft zu Fuß geht: New York ist einzigartig. Ihr Herz wird also klopfen, wenn Sie sie das erste Mal betreten. Es wird klopfen vor Angst, wenn Sie lesen werden, daß die falsche Farbe Ihrer Schuhe für Sie böse soziale Folgen haben könnte. Vor Rührung, wenn Sie hören, daß die Spitze des Empire State Building immer mal wieder in anderen Farben erstrahlt. Vor Glück, wenn Sie das erste Mal eine Ansage Ihres freundlichen U-Bahn-Schaffners verstanden haben. Und vor Freude, wenn Sie wie so viele vor Ihnen das Gefühl von Freiheit empfinden, sobald Sie die Stadt zum ersten Mal betreten. Verena Lueken zeigt Ihnen New York – und weiht Sie ein in die Geheimnisse eines Alltags, in dem das Unerwartete noch immer die einzige Konstante ist.

01/1492/01/R

PIPER

Andreas von Bülow

Die CIA und der 11. September

Internationaler Terror und die Rolle der Geheimdienste.
271 Seiten. Klappenbroschur

Die Terroranschläge des 11. September 2001 schockten die Welt. Doch auch die Schlußfolgerungen der amerikanischen Regierung waren schockierend. Gab die Regierung Bush vor, über die Terrorgefahr nichts gewußt zu haben, so veröffentlichte sie trotzdem blitzschnell die Namen der 19 Täter und benannte die Drahtzieher – Osama bin Laden, Al Kaida, Saddam Hussein. Und ebenso schnell war auch Präsident Bushs Strategie gegen die »Mächte des Bösen« verkündet.

Andreas von Bülow, früherer Bundesminister und als Geheimdienstexperte ausgewiesen, zweifelt die offizielle Version vehement an. Penibel zählt er alle Ungereimtheiten des offiziellen Tathergangs auf – von der Präzision der von Flugschülern geflogenen Maschinen über die Inaktivität der Abwehr bis zum Verschwinden von Beweismitteln. Und er stellt notwendige Fragen, deren wichtigste lautet: Kann es sein, daß der 11. September der Regierung Bush in Wahrheit gelegen kam? Ohne Geheimdienste, so Bülow, war eine derartige Operation nicht möglich – die Spuren führen zu deren Netzwerk und zur CIA.

01/1294/02/R

Michael Moore

Stupid White Men

Eine Abrechnung mit dem Amerika unter George W. Bush. Aus dem Amerikanischen von Michael Bayer, Helmut Dierlamm, Norbert Juraschitz und Heike Schlatterer. 329 Seiten. Piper Taschenbuch

Bananenrepublik USA: Im Weißen Haus sitzt ein »Präsident«, der nie gewählt wurde, und regiert mit einer Junta aus Geschäftsfreunden seines Daddys. Michael Moore, Filmemacher und Bestsellerautor, rechnet in dieser beißenden Satire gnadenlos ab mit den »Stupid White Men« an der Spitze der USA.

»Der letzte Rebell Amerikas. Moore sagt die Wahrheit über die häßlichen Dinge, die im Bush-Amerika totgeschwiegen werden.«
Der Spiegel

05/1610/02/L

Favell Lee Mortimer / Todd Pruzan

Die scheußlichsten Länder der Welt

Mrs. Mortimers übellauniger Reiseführer. Herausgegeben und mit einer Einleitung von Todd Pruzan. Aus dem Englischen von Martin Ruben Becker. 256 Seiten mit 28 Abbildungen. Piper Taschenbuch

Von dreckigen Franzosen und tollpatschigen Portugiesen, versoffenen Asiaten und wilden Negern, die Menschen fressen: Obwohl die Bestsellerautorin Mrs. Mortimer (1802–1878) ihr Leben lang nicht aus England hinauskam, schrieb sie doch unbeirrbar Reiseführer. Darin rechnete sie mit der ganzen Welt ab; ihre Bücher wimmeln geradezu vor Vorurteilen. Sie sind überhaupt nicht politically correct – und gerade deshalb hinreißend zu lesen.

»Eine höchst amüsante Sammlung von Boshaftigkeiten.«
Südkurier

05/2320/02/R